城市商业银行
治理机制与信贷行为研究

吴 敏 著

西南财经大学出版社
Southwestern University of Finance & Economics Press

中国·成都

图书在版编目（CIP）数据

城市商业银行治理机制与信贷行为研究/吴敏著.
成都:西南财经大学出版社,2024.7. --ISBN 978-7-5504-6279-3

Ⅰ.F832.33

中国国家版本馆 CIP 数据核字第 2024GV1984 号

城市商业银行治理机制与信贷行为研究

CHENGSHI SHANGYE YINHANG ZHILI JIZHI YU XINDAI XINGWEI YANJIU

吴　敏　著

策划编辑:李晓嵩
责任编辑:李晓嵩
助理编辑:王　琳　蒋　华
责任校对:王甜甜
封面设计:何东琳设计工作室
责任印制:朱曼丽

出版发行	西南财经大学出版社(四川省成都市光华村街 55 号)
网　　址	http://cbs.swufe.edu.cn
电子邮件	bookcj@ swufe.edu.cn
邮政编码	610074
电　　话	028-87353785
照　　排	四川胜翔数码印务设计有限公司
印　　刷	成都市火炬印务有限公司
成品尺寸	170 mm×240 mm
印　　张	12.25
字　　数	217 千字
版　　次	2024 年 7 月第 1 版
印　　次	2024 年 7 月第 1 次印刷
书　　号	ISBN 978-7-5504-6279-3
定　　价	98.00 元

前言

　　本书采取规范研究和实证研究相结合的方法，在对现有相关文献进行系统梳理的基础上，研究了当地政府对城市商业银行（以下简称"城商行"）的控制方式以及不同控制方式对城商行信贷行为的影响。在此基础上，本书研究了以股权制衡为代表的内部治理机制和以市场化程度为代表的外部治理机制对地方政府股东的制衡作用。具体来说，首先，本书考察了地方政府对城商行"事权"的影响，分别从城商行的贷款规模、贷款期限结构、贷款行业分布和贷款集中度四个维度考察了当地政府股东对城商行信贷行为的影响，并探讨了地方政府股东对城商行信用风险影响的传导机制。其次，本书考察了以股权制衡为代表的内部治理机制和以市场化程度为代表的外部治理机制对城商行地方政府股东的制衡作用；再次，本书考察了地方政府对城商行董事长"任命权"的影响，分别从城商行的贷款规模、贷款期限结构、贷款行业分布和贷款集中度四个维度考察了由地方政府部门直接任命的城商行董事长对城商行信贷行为的影响。在此基础上，本书进一步考察了上述董事长中较为年轻的群体对城商行信贷行为的影响。最后，本书考察了以股权制衡为代表的内部治理机制和以市场化程度为代表的外部治理机制对较为年轻的、由地方政府部门直接任命的董事长的政治迎合行为的制约作用。本书的主要结论如下：

第一，地方政府股东通过干预城商行的信贷行为满足地方政府的融资需求，导致城商行信用风险上升。

本书研究了地方政府持股与城商行信用风险的关系，发现地方政府持股比例越高，城商行信用风险水平越高，并且当货币政策紧缩时，地方政府持股更加会提高城商行信用风险。本书进一步从城商行的贷款规模、贷款期限结构、贷款行业分布和贷款集中度四个维度对地方政府股东的干涉行为进行研究。实证结果显示，地方政府持股比例越高，城商行越倾向于扩大贷款规模，降低短期贷款占比，增加中长期贷款占比，减少其在制造业和批发零售业的贷款占比并增加其在房地产业的贷款占比。地方政府持股比例越高的城商行贷款的集中度也越高。地方政府持股所造成的上述贷款行为最终提高了城商行信用风险。

第二，以股权制衡为代表的内部治理机制和以市场化程度为代表的外部治理机制可以有效制衡地方政府股东对城商行信贷的干涉行为，降低城商行的整体信用风险。

在内部治理方面，股权制衡并不能有效抑制地方政府股东对城商行的贷款规模和行业分布的干涉行为，然而股权制衡程度较高的银行，地方政府股东减少城商行短期贷款比例和增加中长期贷款比例的行为会受到有效抑制，地方政府股东提高城商行的贷款集中度的行为也会得到有效缓解。在外部治理方面，市场化程度能够有效缓解地方政府股东扩大城商行贷款规模的行为。在城商行的贷款行业分布方面，市场化程度较高的地区，地方政府股东减少制造业贷款比例而增加房地产业贷款比例的行为得到了有效抑制，地方政府股东提高城商行的贷款集中度的行为也受到了制衡。综合来看，以股权制衡为代表的内部治理机制和以市场化程度为代表的外部治理机制在制衡地方政府股东对城商行信贷行为的干涉上，都取得了较好的效果，整体上降低了地方政府股东干涉行为所导致的城商行信用风险。

第三，从地方政府部门直接调任而来的城商行董事长降低了城商行的整体信用风险，而上述董事长中较为年轻的群体在信贷决策上会迎合地方政府的融资需求，最终增加了城商行的信用风险。内部治理机制和外部治理机制可以有效制衡较为年轻的从地方政府部门直接调任而来的城商行董事长在城商行信贷决策中的政治迎合行为。

本书研究了从地方政府部门直接调任而来的城商行董事长对城商行信贷行为的影响，发现他们更加倾向于降低城商行的短期贷款比例和制造业贷款比例，从而相应提高该城商行的中长期贷款比例和房地产业贷款比例。然而，从地方政府部门直接调任而来的城商行董事长又倾向于缩小城商行的贷款规模和降低城商行的贷款集中度。本书在进一步对城商行整体信用风险的考察中发现，综合来看，从地方政府部门直接调任而来的城商行董事长更加倾向于调整信贷行为以降低城商行的整体信用风险。在此基础上，本书进一步对上述董事长中较为年轻的董事长进行研究后发现，这些较为年轻的董事长倾向于减少制造业贷款比例，提高房地产业贷款比例和城商行的贷款集中度。这类董事长的上述信贷决策与当地政府的融资需求相一致。然而，在贷款规模上，这些较为年轻的董事长倾向于缩小城商行的贷款规模。本书在进一步对城商行整体信用风险的考察中发现，综合来看，这些较为年轻的董事长在进行信贷决策时倾向于迎合地方政府的融资需求，最终提高了城商行的整体信用风险。在上述研究的基础上，本书研究了以股权制衡为代表的内部治理机制和以市场化程度为代表的外部治理机制对上述董事长的政治迎合行为的抑制作用。本书发现，股权制衡程度越高的城商行，从地方政府部门直接调任而来而又较为年轻的城商行董事长在信贷决策中的政治迎合行为越会受到有效抑制，该城商行信用风险也相应较低；所在地金融市场化程度越高的城商行，上述董事长的政治迎合行为越会受到有效抑制，该城商行信用风险也会显著下降。上述实证结果表明，内部治理机制和外部治理机制有效抑制了从地方政府部门直接调任而来而又较为年轻的城商行董事长在信贷行为上的政治迎合行为。

本书系统分析了当地政府对城商行信贷行为的影响方式及其

经济后果，并进一步研究了以股权制衡为代表的内部治理机制和以市场化程度为代表的外部治理机制对当地政府干涉行为的制约效果。

与已有研究相比，本书的主要贡献如下：

1. 研究视角创新

本书首次从"事权"和"任命权"两个维度考察了地方政府对城商行信贷行为的控制。现有文献主要从地方政府持股的单一视角考察地方政府对城商行的控制，本书创新性地将地方政府对城商行的控制划分为信贷决策权（"事权"）控制和董事长任命权（"任命权"）控制两个维度，并分别从上述两个维度研究了当地政府对城商行的信贷行为的影响方式及其经济后果。通过对地方政府控制方式的细分，本书更加明晰地揭示了当地政府对城商行信贷行为的影响机制。

2. 研究对象创新

本书将由地方政府部门直接任命的城商行董事长作为独立的经济人进行考察。现有研究普遍将地方政府部门任命的企业高管视为地方政府利益的代言人，认为这些高管的行动与当地政府的需求保持高度一致。然而，在我国现行的官员晋升机制下，官员在地方政府部门与企业之间的流动往往具有单向性，即地方政府部门转入企业较为容易，而由企业晋升回到地方政府部门相对困难。如果再考虑到这些董事长的年龄因素，这些由地方政府部门直接任命的高管可能有其自身的利益诉求，并且其利益诉求并非与地方政府需求完全一致。基于此，本书根据城商行董事长的晋升渠道和晋升机会对由地方政府部门直接任命的董事长进行了划分，分别揭示了不同晋升渠道和晋升机会的董事长与当地政府之间的博弈过程。

3. 研究内容创新

本书是为数不多的研究银行这一资金供给方的政治关联的著作。现有文献主要集中讨论非金融企业的政治关联情况，而将银行作为非金融企业变现其政治关联的中介进行考察。实际上，由于银行所经营的产品的特殊性，银行与当地政府的政治关联更加紧密，因此对整个实体经济的影响也更大。本书通过对由地方政府部门直接任命的城商行董事长信贷决策行为的研究，揭示了银行政治关联对银行信贷行为的影响机制及其经济后果。

吴敏

2024 年 1 月

目录

1

绪论

1.1 研究意义

1.1.1 现实意义

银行信贷是现代经济波动的重要驱动因素之一（李连发和辛晓岱，2012）。由于银行行为存在巨大的外部性，银行体系潜在风险的爆发往往会引发整个经济体的危机，因此银行业的风险控制，无论是对其自身的正常持续经营还是对整个经济体的稳定运行都显得至关重要。目前，我国商业银行的主要收入来源仍然是利息收入，信用风险仍然是多数商业银行面对的主要风险，而信用风险主要产生于银行的信贷行为中。监管机构对商业银行信用风险进行了严格控制，如 2006 年 1 月，中国银监会发布了《商业银行风险监管核心指标（试行）》，将监管核心指标分为风险水平、风险迁徙和风险抵补三个层次，并分别规定了相应的监管标准。在上述监管标准中，信用风险被作为监管银行风险水平的主要指标之一，可见监管机构对信用风险的重视程度。

然而，出于社会成本等考虑，我国银行监管重点仍然是少数大型银行，广大城商行由于发展水平参差不齐，监管机构无法有效对其实施监管。实际上，相比于国有大型银行，城商行的信贷行为更加混乱，更容易累积风险。在我国现行的官员考核体系中，官员所管辖地区的经济发展水平往往作为考核的重要指标。因此，各地官员都有强烈的追求地区生产总值增长的冲动。在推动经济增长的投资、消费和出口这"三驾马车"中，投资是最容易被地方政府使用且收效最快的提升地区生产总值的方法，因此各地地方政府都有强烈的动机扩大投资。然而，在地方政府的财政收入短期内难以得到大幅度提升时，举债成为各地地方政府的重要资金来源，那么银行无疑成为地方政府举债的主要对象。为了减少各地地方政府对大型国有银行的行政干预，我国对大型国有银行进行了垂直化管理，这大大减弱了地方政府对大型国有银行的影响力。在这种情况下，刚刚成立的城商行自然成为地方政府融资的重要渠道。通过"事权"和"任命权"对城商行的控制，地方政府可以影响城商行的信贷行为，保证其发展经济所需要的资金来源。但是，地方政府对于城商行的干预可能使城商行累积更多的风险。当遇到外部冲击时，以城商行为代表的中小银行往往是银行体系中最脆弱的环节。例如，2008 年全球金融危机到来时，大型银行具有规模优势，可以"大而不倒"（Too Big to Fall），得到充分的政府救助和媒体关注，而广大中小型银行却只能通过自身努力来应对金融危机，最终大量中小型银行在这场金融浩劫中纷纷破产，增加了金融危机影响的广度和深度。因此，我们有必要就地方政府对城商行信贷行为的影响机制进行研究，并在此基础上进一步考察能够对地方政府干预城商行信贷行为进行有效制衡的内部和外部治理机制，以保障我国金融体系的可持续发展。

1.1.2 理论意义

由于银行经营产品的特殊性，非金融企业的研究结论不能简单照搬到银行业中，因此对银行治理机制等的研究具有较强的理论意义。

第一，与传统行业相比，城商行的公司治理更具有特殊性。公司治理一直是理论界研究的热点问题之一。传统的研究公司内部治理的文献主要讨论作为公司资金提供者的债权人和股东对公司的治理作用。然而，对于银行业来说，由于其资产规模较大，资产负债率比非金融企业大得多，债权人相对分散，因此债权人治理对于银行来说基本失效，银行在内部治理方面主要依靠股东治理。对于城商行来说，当地政府往往是其最大股东，而根据 Cheung 等（2008）的研究，拥有中央政府政治关联的企业更能够得到政治关联的好处，而拥有地方政府政治关联的企业的资源则更多地受到当地政府的转移，并且这种转移的资源并没有用于地方政府支持当地建设，因此地方政府股东可能对城商行的内部治理水平提升有限。那么，在债权人治理和股东治理都可能失效的情况下，城商行的内部治理水平如何提升，现有文献无法给出解决方案，有必要进一步研究。

第二，城商行为本书提供了研究地方政府经济行为的绝佳样本。现有研究表明，中央政府和地方政府的经济行为有着较大差异（杨记军等，2010）。由于银行业经营产品的特殊性，当地政府有强烈的动机对其进行干预从而满足其融资需求。然而，大型国有银行实施垂直化管理以后，当地政府无法对大型国有银行实施直接控制，城商行便成为当地政府重要的融资来源。因此，研究地方政府对城商行的干预行为，能够更好地揭示地方政府的经济行为。

1.2 主要概念及界定

明晰的概念界定是进行研究的前提，本书首先对研究涉及的重要概念进行界定。

1.2.1 信用风险

本书对信用风险的定义如下：信用风险是指由于交易对手未能履行约定契约中的义务而对银行造成经济损失的风险。本书主要选取 2006 年 1 月中国银监会发布的《商业银行风险监管核心指标（试行）》中关于信用风险的监管指标不良贷款率作为城商行信用风险的衡量指标。考虑到不良贷款率的形成可能具有滞后性，本书还选取了下一年度的不良贷款率作为信用风险的衡量指标。

1.2.2 地方政府控制

本书将地方政府控制分为地方政府对城商行"事权"的控制和"任命权"的控制。具体而言，"事权"是指由于地方政府持股带来的地方政府对城商行日常信贷行为的决定权；"任命权"是指地方政府对城商行董事长的任命权。地方政府通过对城商行"事权"和"任命权"的控制来达到支配城商行信贷行为的目的。

1.2.3 地方政府持股

本书涉及的地方政府持股主要是指国家投资或国有资产经过评估并经

国有资产管理部门确认的国有资产折成的股份，即国有股。由于大多数城商行并未上市，其信息披露尚不规范，本书无法通过其年度报告取得地方政府间接持股的国有股占比信息。因此，本书主要采用城商行所在地的地方财政和地方国有资产管理部门直接持有的银行股份占比作为地方政府持股比例。

1.2.4　治理机制

本书将治理机制分为内部治理机制和外部治理机制。在内部治理方面，公司的内部治理主要来自为公司提供资源的资源提供方，从会计角度来说，主要是公司资金的来源方，即负债提供方和所有者权益提供方。来自负债提供方的治理成为债权人治理，来自所有者权益提供方的治理成为股东治理。然而，银行债权人较为分散，并且各债权人借款额相对于银行借款规模来说较小，债权人没有充足的动机对银行的财务状况进行有效监督，导致在监督中普遍存在债权人"搭便车"的情况，使得债权人治理的效果大打折扣。因此，本书对银行的内部治理主要研究股东治理。具体来说，本书将股权分散度作为内部治理的主要代表进行研究。在外部治理方面，由于本书主要研究的是地方政府对城商行的干涉行为，因此选择的外部治理因素应该能对地方政府的行为进行制约。基于此，本书选择樊纲、王小鲁和朱恒鹏（2011）编制的市场化指数数据作为外部治理的考察因素。该数据罗列了中国各省（自治区、直辖市）1997—2009 年的市场化指数以及各分项指标（包括金融市场化指数），较好地反映了地方政府对市场的干预程度。

1.3　研究内容及研究方法

1.3.1　研究内容

本书在对现有的关于地方政府控制、银行治理与银行信贷行为的文献进行梳理的基础上，从银行这一资金供给方的视角，系统地研究了地方政府对城商行的控制方式以及不同控制方式对城商行信用风险的影响。在此基础上，本书研究了以股权制衡为代表的内部治理机制和以市场化程度为代表的外部治理机制对地方政府干涉城商行信贷行为的制衡作用。具体来说，首先，本书考察地方政府对城商行"事权"的影响。本书分别从城商行贷款规模、贷款期限结构、贷款行业分布和贷款集中度四个维度考察了地方政府股东对城商行信贷行为的影响，并探讨了地方政府股东对城商行信用风险影响的传导机制。其次，本书考察了以股权制衡为代表的内部治理机制和以市场化程度为代表的外部治理机制对城商行地方政府股东的制衡作用。再次，本书考察了地方政府对城商行董事长任命权的影响。本书分别从城商行贷款规模、贷款期限结构、贷款行业分布和贷款集中度四个维度考察了由地方政府部门直接任命的城商行董事长对城商行信贷行为的影响。在此基础上，本书进一步考察了上述董事长中较为年轻的群体对城商行信用风险的影响。最后，本书考察了以股权制衡为代表的内部治理机制和以市场化程度为代表的外部治理机制对较为年轻的、由地方政府部门直接任命的董事长在进行政治迎合时的制约作用。

本书具体研究内容如下：

第1章为绪论。本章主要阐述本书的选题背景和研究意义，对本书涉及的概念进行界定，并对本书的研究内容、研究方法、研究框架和主要创新之处进行说明。

第2章为文献综述。本章系统梳理了地方政府持股、高管政治关联、以股权制衡为代表的内部治理机制和以市场化程度为代表的外部治理机制等方面的文献，对现有文献进行总结和评述，进而提出本书的研究的切入点。

第3章为制度背景与理论分析。本章首先研究了地方政府对城商行的信贷行为进行干预的动机和能力，其次总结出地方政府对城商行信贷行为干预的方式，最后论证以股权制衡为代表的内部治理机制和以市场化程度为代表的外部治理机制的有效性。

第 4 章为地方政府持股、信贷行为与信用风险。本章主要研究地方政府持股、城商行信贷行为与信贷风险的关系。本章首先发现了地方政府持股会提高城商行信用风险这一现象，为了揭示地方政府持股导致城商行信用风险上升的原因，本章分别从贷款规模、贷款期限结构、贷款行业分布和贷款集中度四个维度考察了地方政府对城商行信贷行为的影响。在此基础上，本章完整揭示了地方政府持股对城商行信用风险影响的传导机制。

第 5 章为地方政府持股、治理机制与城商行信贷行为。本章主要研究地方政府持股、治理机制与城商行信贷行为的关系，分别从贷款规模、贷款期限结构、贷款行业分布和贷款集中度四个维度考察了以股权制衡为代表的内部治理机制和以市场化程度为代表的外部治理机制对地方政府股东干预城商行信贷行为的制约效果。在此基础上，本章从城商行信用风险的角度对上述治理机制制约地方政府股东作用的整体效果进行了研究。

第 6 章为高管政治迎合、治理机制与城商行信贷行为。本章主要研究高管政治关联、治理机制与城商行信贷行为的关系。本文首先研究了由地方政府部门直接调任的董事长对城商行信贷行为的影响，其次进一步考察了上述董事长中较为年轻的群体在进行城商行信贷决策时的政治迎合行为，最后从城商行信用风险的角度研究了以股权制衡为代表的内部治理机制和以市场化程度为代表的外部治理机制对该部分董事长进行城商行信贷决策中的政治迎合行为的制约作用。

第 7 章为研究结论、政策建议与研究展望。本章在总结全书主要结论的基础上，对地方政府干预城商行信贷行为，并最终影响其信用风险的行为提出了针对性的政策建议，并对该领域未来需要深入研究的方向进行了展望。

1.3.2 研究方法

本书主要采用以下三种方法进行研究：

（1）规范分析和实证研究相结合的方法。规范分析主要解决"应该是什么"的问题。本书在理论分析部分主要采用规范分析方法，通过逻辑推导提出地方政府股东对城商行信贷风险影响的传导机制。实证分析主要解决的是"实际是什么"的问题。本书在规范分析的基础上，利用城商行数据对规范分析的结果进行检验。规范分析和实证研究相结合的方法既克服了规范分析容易脱离实际、缺乏数据支持的缺点，又克服了实证分析片面追求统计关系而忽略经济含义的弊端，更能够得到既符合经济内涵，又具有数据支持的研究结论。

（2）计量分析方法。本书在实证分析中主要采用计量经济学的基本原理，运用混合面板的最小二乘估计法（Pooled OLS）对城商行的数据进行计量分析。同时，考虑到非平衡面板可能存在的异方差的问题，本书采用了稳健标准误差（Robust Standard Error）修正对回归后的 t 统计量进行处理，保证了实证结果的有效性和一致性。

（3）比较分析方法。在研究以股权制衡为代表的内部治理机制和以市场化程度为代表的外部治理机制对较为年轻的从地方政府部门直接调任而来的董事长的制约行为时，本书按照股权制衡和金融市场化程度的中位数对样本进行了划分，分别比较了不同组样本下以股权制衡为代表的内部治理机制和以市场化程度为代表的外部治理机制的治理效果，从中发现不同内部治理和外部治理机制下从地方政府部门直接调任而来而又较为年轻的董事长进行城商行信贷决策时的行为差异。

1.4 本书的主要贡献和创新

本书系统分析了地方政府对城商行信贷行为的影响方式及其经济后果，并进一步研究了以股权制衡为代表的内部治理机制和以市场化程度为代表的外部治理机制关于地方政府对城商行经营行为干涉行为的制约效果。与已有研究相比，本书的主要贡献如下：

1.4.1 研究视角创新

本书从"事权"和"任命权"两个维度考察了地方政府对城商行信贷行为的控制。现有文献主要从地方政府持股的单一视角考察地方政府对城商行的控制，本书创新性地将地方政府对城商行的控制划分为信贷决策权（"事权"）控制和董事长任命权（"任命权"）控制两个维度，并分别从上述两个维度研究了地方政府对城商行的信贷行为的影响方式及其经济后果。通过对地方政府控制方式的细分，本书更加明晰地揭示了地方政府对于城商行信贷行为的影响机制。

1.4.2 研究对象创新

本书将由地方政府部门直接任命的城商行董事长作为独立的经济人进行考察。现有研究普遍将地方政府部门任命的企业高管视为地方政府利益的代言人，认为这些高管的行动与地方政府的需求保持高度一致。然而，在我国现行的官员晋升机制下，官员在地方政府部门与企业之间的流动往往具有单向性，即地方政府部门转入企业较为容易，而由企业晋升回到地方政府部门相对困难。如果再考虑到这些董事长的年龄因素，这些由地方政府部门直接任命的高管可能有其自身的利益诉求，并且其利益诉求并非与地方政府需求完全一致。基于此，本书根据城商行董事长的晋升渠道和晋升机会对由地方政府部门直接任命的董事长进行了划分，分别揭示了不同晋升渠道和晋升机会的董事长与地方政府之间的博弈过程。

1.4.3 研究内容创新

本书是为数不多的研究银行这一资金供给方的政治关联的著作。现有文献主要集中讨论非金融企业的政治关联情况，而将银行作为非金融企业变现其政治关联的中介。实际上，由于银行经营产品的特殊性，银行与地方政府的政治关联更加紧密，对于整个实体经济的影响也更大，本书通过对由地方政府部门直接任命的城商行董事长信贷决策行为的研究，揭示了银行政治关联对银行信贷行为的影响机制及其经济后果。

2

文献综述

2.1 地方政府持股

在全球范围内，政府对银行的持股现象普遍存在（La Porta 等，2002）。这种持股行为有助于政府对资金的流向进行引导，从而作出整个经济体的最优选择。然而，对于银行本身而言，政府的直接持股行为及其对银行行为的控制，会给银行造成怎样的经济后果呢？对于这个问题的回答分为了发展观和政治观两种截然不同的观点。

发展观认为，政府对银行的持股行为会给整个经济体及银行本身带来有利影响。这种观点认为，金融自由化要与外部环境相适应，在一些法治和与金融配套制度尚不健全的国家和地区推行金融自由化往往会造成当地金融体系的不稳定。Lewis（1950）认为，政府对银行业的控股是"政府命令层级"中重要的一环，政府通过对于银行的控股和参股的方式直接和间接地引导金融的发展方向，最终配合实体经济的发展。Kaminsky 和 Reinhart（1998）选取了 30 个发达国家和发展中国家的样本，研究了金融自由化发展水平对当地公司成长性和收益性的影响。他们发现，在金融自由化发展水平较高的地区，当地企业更多依靠外部融资和中长期融资。这些地区的企业往往具有较高的成长性，然而资本收益率却较低。Kaminsky 和 Reinhart 进一步认为，金融自由化发展水平对于当地企业而言，是一把双刃剑。一方面，较高的金融发展水平为当地企业提供了融资便利，使其能够有较高的成长性；另一方面，发达的金融体系通过种种间接方式降低了企业的利润。因此，总体来看，金融自由化发展水平对当地企业既有利又有弊。Arestis 和 Demetriades（1999）研究了金融自由化在 1998 年东南亚金融危机中发挥的作用后指出，以往认为金融自由化能够通过增加储蓄、投资和资本产出等途径促进整个经济体的增长的观点均是基于一个与现实相违背的假设，即市场完全竞争和市场主体均享有完全信息假设。在现实中，上述假设并不存在，而忽视上述假设就盲目推行金融自由化，可能会给经济体带来更多的问题。在法治体系尚不健全的发展中国家中尤其如此。因此，国家和地区要根据本国和本地区的法治水平等来审慎选择推行金融自由化。Altunbas 和 Molyneux（2001）认为，以往研究出于可比性等考虑，往往选取在规模和所有制性质上相似的银行进行比较。他们进而对 1989—1996 年德国的银行业中不同所有制性质的银行进行对比研究后发现，并没有证据证明国有控股银行的经营效率低于民营银行，国有银行和民营银行都从地区经济的发展中受益，两者的成本也都能随着技术进步而降低。Andrianova 等（2008）使用模型推导与实证检验相结合的方法，研究了制度建设对金融体系发展的重要性。Andrianova 等指出，当一个国家或地区的经济制度建设发展水平不高，民营银行无法充分平等参与市场竞争时，国家对银行的持股能够促进金融体系的健康发展，进而推动整个经济体的持续发展。因此，各国应该首先将金融改革关注的重点放在市场规则和信息披露规则的制定上。Hakenes 和 Schnabel（2011）运用不完全竞争和道德风险的模型，考察了《巴塞尔协议 II》的资本监管要求下银行规模与其风险承担的关系后也发现，规模较大的银行（一般为国有银行）在《巴塞尔协议 II》下可以降低其风险水平，而规模较小的银行（一般为私有银行）不得不在激烈的竞争压迫下选择承担更大的风险。因此，在《巴塞尔协议 II》的资本监管要求下，相对于规模较小的私有银行，政府控股的大型银行往往风险水平更低。李维安和曹廷求（2004）利用山东和河南两省 28 家城市银行的调查样本，系统研究了政府股权对城市银行的影响。实证结果表明，大股东的国有性质并未对银行绩效产生影响，集中型的股权结果对城市银行的绩效有明显的积极影响。这一结论也支持了政府股东对银行业影响的发展观点。曹廷求等（2006）对山东和河南两省的 29 家中小商业银行的调查数据进行了实证检验。实证结果表明，政府股东的存在能够显著降低银行风险。因此，曹廷求等得出结论：政府股东对银行业影响的发展观点（而非政治观点）对中小银行更有解释力。曹廷求等

（2006）也意识到由于样本的局限性，政府股东对银行业的影响尚需大样本的更进一步检验。

政治观认为，金融自由化对建立高效和有竞争力的金融体系尤为重要，政府出于自身目标而选择持有银行股份，从而对银行行为产生影响。这些行为与市场经济相违背，往往会干扰市场的自我调节功能，对整个经济体和银行本身造成负面影响。La Porta 等（2002）对全球 92 个国家和地区的银行政府所有权进行研究后发现，在全球范围内政府对银行的持股比例较高，在那些人均收入低、金融系统落后、政府低效、政府干预盛行和投资者保护水平偏低的国家，政府在银行的持股行为拖累了本国金融体系的发展，最终导致人均收入水平和产出增长缓慢。陈抗等（2002）指出，20 世纪 90 年代中期以后的财政集权加剧了地方政府从"援助之手"到"掠夺之手"的行为转变。Dinc（2004）利用 20 世纪 90 年代的新兴市场数据，研究了各国大选对本国银行信贷行为的影响。在对比了大选对国有银行和私有银行的信贷行为影响后，Dinc 发现，相对于私有银行，国有银行更加会在大选年扩大信贷规模。平均而言，国有银行在大选年信贷扩张规模达到了 11%。Spapienze（2004）运用意大利银行的数据研究了政府控制权对银行信贷行为的影响后发现，对于类似的公司而言，国有银行收取的贷款利率比私有银行更低；国有银行更加倾向于贷款给经济落后地区和大公司。Spapienze 进一步研究发现，国有银行的信贷行为会受到其所关联政党选举结果的影响，在某一地区该政党的地位越强势，当地企业从国有银行贷款的利率越低。Boubakri 等（2005）从国有银行私有化的视角展开研究，发现在对国有银行实施私有化以后，其短期内盈利能力会上升，但是经营效率会下降，风险也会增大。从长期来看，私有化后银行的经营效率会显著提升，风险也会显著降低。这一研究结果也表明，相对于私有银行，国有银行的风险更高。Berger 等（2009）对中国政府控股的中国工商银行、中国建设银行、中国银行、中国农业银行（以下简称"四大国有银行"）、非四大国有银行、民营银行和外资银行的经营效率进行了对比研究后发现，中国政府控股的四大国有银行的经营效率显著低于中国其他类型银行，而外资银行的经营效率是中国所有类型银行中最高的。在此基础上，Berger 等建议通过减少政府持股比例、增加外资持股比例来提高四大国有银行的经营效率。Micco 等（2007）分别研究了发达国家和发展中国家政府持股对银行利润率和成本的影响，发现在发展中国家，相对于私有银行而言，政府控股的银行利润率更低且成本更高，而外资银行的利润率更高且成本更低，而在发达国家中上述现象并不存在。Micco 等进一步对选举年期间国有银行、外资银行和私有银行的利润率与成本差距进行研究后发现，政府的政治考量是影响国有银行利润率和成本的主要原因。Herrero（2009）对中国国有银行进行研究后发现，国有银行承担了更多的政治负担，因此盈利性较差。Laeven 和 Levine（2009）研究发现，拥有更强势股东的银行倾向于承担更高的风险，对银行的风险监管成效往往受到该银行股东结构的影响。Jia（2009）对中国国有银行的贷款审慎行为进行了研究后发现，民营银行在贷款过程中比国有银行更加审慎。Jia 进一步考虑到相比于国有银行，民营银行的股东和存款人可能有更强的监督动机从而更加强化监督，而我国银行系统改革后国有银行更加有动机强化贷款审慎行为。然而，在控制了上述因素后，民营银行在贷款过程中依然比国有银行更加审慎，由此带来的信用风险更小。Andries 和 Billon（2010）指出，相对于私人持股银行，政府持股银行受到紧缩性货币政策的影响更小。Barry 等（2011）对欧洲商业银行股权结构与银行风险的关系进行研究后发现，只有在私有银行中，股权结构才会对银行风险产生影响，个人或家族股权在私人银行中所占比例越高，该银行信用风险越低。钱先航等（2011）研究了地方官员的晋升压力及任期对城商行信贷行为的影响后发现，当官员面临较大的晋升压力时，城商行会缩小贷款规模，减少短期贷款和增加长期贷款。

虽然较早期的文献主要支持发展观的论点，然而近期的实证结果似乎更加支持政府持股银行的政治观。有趣的是，尽管在学术上，金融自由化和政府持股银行的政治观被许多学者所接受，但在实务中，政府持股银行的行为在世界范围内仍普遍存在（La Porta 等，2002）。

2.2 治理机制

2.2.1 内部治理机制

Burkart 等（1997）指出，分散的股权及其带来的管理自由裁量权的变化，对于银行来说既有利又有弊。尽管大股东有些严格的控制在事后被发现是有效的，但在事前存在着对小股东利益侵占和非效率投资的威胁。因此，过度集中的股权可能导致对银行的逐利性动机产生不利影响。Demsetz 和 Villalonga（2001）指出，分散的股权结构虽然会使某些代理问题更加恶化，但是能够在高管薪酬等方面为公司创造价值，因此总体来看，股权结构与公司绩效之间不存在显著的相关关系。Gomes 和 Novaes（2005）指出，在不同的公司治理情况下，大股东的行为会有所不同，股权是否集中应该由公司自身的特征与监管法则决定。当公司内部股东无法有效评估投资机会时，由大股东来监管公司会更好，因为此时如果股权过于分散，股东之间的沟通协调成本太高，更有可能导致公司错失好的投资机会；当外部投资者无法有效评估投资机会时，分散的股权结构更有利于公司进行大规模融资。Caprio 等（2007）指出，控股股东对中小股东的利益侵占在全世界范围内的银行中普遍存在，控股股东增加其现金流权的行为能够提升银行价值，更好的外部投资者保护制度能够有效提升银行价值，更大的现金流权能够减少由于投资者保护机制欠缺而带来的价值损失。Caprio 等因此认为投资者保护制度的完善能够有效降低大股东对小股东的侵占行为，更高的现金流权也能够提高公司的治理水平，而政府相关部门的监督并不能显著提升银行的市场价值。Berger（2009）等对 1994—2003 年中国的银行样本进行研究后发现，传统的国有银行效率最低，外资银行效率最高，引入外资作为少数股东能够有效提高银行经营效率。Haw 等（2010）使用东亚和西欧的商业银行样本，研究了股权集中度、银行内部运营指标等与盈利指标之间的关系后发现，相对来说，股权较为集中的商业银行，绩效和效率更低，盈利的波动性越大，破产风险越高。Haw 等进一步指出，法律部门和私人投资者的监管能够有效降低由于股权集中对商业银行带来的不利影响，然而官方的监督机构却未能对商业银行起到应有的治理作用，因此政府对银行的干预可能会适得其反。Schehzad 等（2010）选择50个国家的800多家商业银行样本作为研究对象，研究了股权集中度对银行不良贷款率和资本充足率的影响后发现，较高的股权集中度能够显著提高银行的资本充足率，进而提高银行的风险权重资本。然而，股权集中度对不良贷款的影响较为复杂，当最大股东的持股比例超过50%时，股权集中度的提高能够显著降低银行的不良贷款率。Schehzad 等进一步研究发现，当投资者保护水平不高、外部监管不完善时，较高的股权集中度能够降低银行风险。Schehzad 等因此得出股权集中度可以作为对银行外部不完善监管制度的有效替代的结论，建议在投资者保护水平不高、外部监管还不完善的国家和地区的银行采用较为集中的股权结构以降低银行信用风险和充实银行资本。Azofra 和 Santamaria（2011）对西班牙商业银行的股权结构进行研究后发现，96%的西班牙商业银行存在终极控制人，并且终极控制人的现金流权与控制权之间差距越大，银行的绩效越差。当终极控制人的现金流权与控制权相匹配时，股权集中度与银行绩效不存在显著的相关关系。

笔者通过对相关文献的梳理发现，以股权分散度为代表的内部治理机制能否有效制衡大股东对银行的侵占行为，现有文献存在争议，如果当大股东是政府股东时，情况可能会更加复杂。

2.2.2 外部治理机制

在外部治理方面，Goldsmith（1964）指出，政府在金融结构与金融发展中起到了举足轻重的作用，政府对金融机构的拥有及经营程度不同导致了各国金融发展出现的两种截然不同的路径。Demirguc 和 Detragiache（1998）对全世界 53 个国家 1980—1995 年金融自由化与银行危机的关系进行了实证研究后发现，金融自由化的金融体系更加容易发生银行危机。然而当监管机构的监管比较严格，外部机制比较健全，如法律比较完善，破产率较低和契约执行情况较好等，金融市场化对银行危机发生可能性的影响会被削弱，Demirguc 和 Detragiache 进一步对金融市场化、银行危机、金融发展水平和经济增长之间的关系进行研究后指出，金融市场化推行的前提是要有完善的法律制度条件、良好的契约精神以及高效而审慎的外部监管，仅仅只是达到经济稳定尚不足以保证金融市场化不会导致群体性的银行危机。Bandiera 等（2000）从存款的角度，运用主成分分析的方法研究了 25 年 8 个发展中国家金融市场化对银行自身业务的影响后发现，金融市场化会从多个维度影响银行的业务，然而每个国家的具体情况有所差异。在加纳和土耳其，金融市场化直接推动了银行存款的增长，而在韩国和墨西哥，金融市场化则显著降低了银行存款水平。因此，国家无法判断金融市场化是否能够提高银行存款水平，不能依赖金融市场化提高银行存款水平进而拉动经济增长。Levine（2003）指出，与其他行业相比，银行业更加不透明，有着更多的制度约束，因此传统的治理机制可能在银行业中就会大打折扣。Levine 鼓励投资者要对银行施加更强的治理压力，而不能仅仅依靠政府的监管制度来约束银行的行为。Andersen 和 Tarp（2003）认为，在信息非对称的现实世界中，市场经济并不能保证资源配置的帕累托最优，金融市场化也并不一定有助于形成有效率的金融市场；金融市场化下过度的市场竞争会导致银行的"赌博行为"盛行；过度的竞争还降低了银行之间合作的可能性，最终降低了整个金融系统的效率。Andersen 和 Tarp 因此质疑了金融市场化改革是否真的可以使得金融体系成为国民经济"增长的引擎"。Das（2003）指出，以往"分配效率说"支持金融自由化有助于推动经济增长，然而"动物本性说"却认为金融自由化会加剧国内和全球范围的金融波动。Das 通过实证研究发现，从短期来看，各国金融市场化对经济的影响是不同的，但从长期来看，金融市场化能够平滑经济周期的波动性，促进经济的平稳运行。Bekaert 等（2003）定量研究了金融市场化对经济增长的影响，发现 1998—2003 年每年实体经济增长的 1% 是由于金融市场化产生的。金融市场化主要通过两个途径推动实体经济增长：第一，金融市场化使得资金使用者的融资成本下降，进而推动了投资的增长，最终使得经济增长；第二，金融市场化提高了要素使用效率，保证了实体经济的高效运行。Ghosh（2005）从资金使用者的角度研究了金融市场化缓解企业融资约束的作用。Ghosh 选择了 1995—2004 年印度的制造业数据进行实证分析后发现，金融市场化显著降低了印度制造业企业的融资约束，尤其是小微企业的融资约束降低最为明显。通过缓解企业的融资约束而保证企业融资活动的低成本运行，有助于增加企业投资，进而推动经济增长。Park 和 Peristiani（2006）对比了 1986—1992 年和 1993—2005 年银行股东的风险偏好动机后发现，监管当局更严格的监管与更高的资本要求，能够将大量由于银行股东利己动机而产生的道德风险排除在银行系统之外。Laeven 和 Levine（2008）指出，银行的风险偏好与股东的相对控股力呈现正相关关系。银行风险与资本监管、存款保险政策等的关系在很大程度上取决于银行的股权结构。对于不同治理结构的银行而言，同样的监管规则对银行风险承担行为的影响是不同的。

从上述文献中可以看出，以金融市场化为代表的外部治理机制对银行治理水平的影响机制相对复杂，有待进一步的研究。

2.3 高管政治关联

现有文献主要集中讨论非金融类企业的政治关联对其经营活动的影响。Leuz 和 Oberholzer（2003）研究了在弱监管环境下的政治关联企业的融资选择后发现，与其在全球市场中融资，政治关联程度较高的企业更倾向于通过国内的国有银行进行融资，因为国内的国有银行能够给予这些政治关联企业更低成本的资金。因此，对于有政治关联的企业来说，或者致力于从全球市场上融资，或者强化其政治关系从而获得国内国有银行的低息贷款，两者具有替代效应。Leuz 和 Oberholzer 进一步考察了在 1997 年亚洲金融危机时，全球融资和国内融资的企业的经营效率后发现，进行全球融资的企业在金融危机期间获得了更高的投资回报。然而，与政府的政治关联较为紧密的企业在金融危机中更容易得到政府的救助。Dombrovsky（2008）对拉脱维亚 1996—2005 年的上市公司进行了研究后发现，政治关联对企业的影响后果取决于政治关联的类型。如果政治家以被任命为董事会成员的方式加入企业，则该企业在当年的销售额会下降约 40%，然而在接下来的年份中，企业的销售额会提升约 75%。因此，如果当企业陷入经营危机时，政治家的加入能够带来更多的政治优惠，从而帮助企业摆脱困境。Faccio（2007）在对全球 47 个国家和地区的企业进行研究后发现，拥有政治关联的企业倾向于保持更高的杠杆率，拥有更大的市场份额，然而这些企业的会计业绩却低于非政治关联的企业。当一国的企业破产率较高或企业与政府的政治关联较为密切时，上述政治关联企业与非政治关联企业的差别更明显。Nee 和 Opper（2007）利用世界银行 2003 年对全球 2 400家企业的调查数据，研究了政治关联的交易公司在全球市场的交易特征后发现，企业的政治关联资本是否有价值主要取决于该国是何种市场结构。如果该国是竞争型市场结构。那么无论企业获得了政治关联还是政府支持，均不能显著提升该企业的竞争优势。因此，在我国企业的经营过程中政治关联所起的作用与在市场经济国家基本一致。Faccio 等（2006）研究了 35 个国家的 450 个有政治关联的公司后发现，当国际货币基金组织和世界银行对一国进行资金支持时，相比于一般企业，该国那些有政治关联的企业得到了更多的资金支持。Faccio 等进一步考察了获得资金支持两年内企业对资金的使用效率情况，发现政治关联的企业对获得外部资金的使用效率较低。Faccio 等因此指出，政治关联已经影响了经济援助时的资本配置，那些拥有政治关联的企业获得更多的经济援助却没有有效使用这些资金。Chen 等（2004）对中国的上市公司的政治关联情况进行研究后发现，样本中 28% 的首席执行官有政府官员背景，拥有政治关联的公司在上市后的三年内，经营业绩比同类型上市公司的平均值低 23%。这些拥有政府官员背景的首席执行官是上述企业业绩较低的重要原因。这些有政府官员背景的首席执行官更倾向于任命其他的政府官员担任公司的董事会成员，而不愿意任命更加具有专业知识的专业人士或少数股东的代表。是否由这些政府官员担任上市公司的首席执行官主要取决于当地的失业率高低和财政收支情况好坏，而与上市公司本身的特征无关。基于上述分析，Chen 等得出结论：上市公司的政治关联整体有利于当地政治目标的落实而有损于该上市公司的经营效率。Dinc（2005）通过比较相同类型但是不同所有权性质的银行在大选年的信贷行为发现，在控制了宏观经济和银行特征等因素的影响之后，有政治关联的国有银行会在大选年显著扩大其信贷规模。Claessens 等（2006）创造性地使用巴西大选中政治关联银行的数据进行研究后发现，对 1998—2002 年竞选的优胜政党进行支持的企业获得了更好的市场回报。因此，从某种意义上讲，是支持竞选的企业形成了政府日后的政策，而不是由政治形态决定的政府日后的政策。为了避免公司个体特征对实证结果的影响，Claessens 等采用固定效应的回归方法后发现，与控制组相比，支持竞选优胜党的企业在大选年后获得了更多的银行贷款。因此，将企业拥有的政治关联进行变现的一条重要渠道就是给予政治关联企业更多的融资便利，而这些基于政治关联的交易行为增加了相当于当年国内生产总值 0.2% 的额外经济成本。Pathan（2009）发现，较强势的董事会更加倾向于增加银行的风险承担行为。Agrawal 和 Knoeber（2001）对不同行业的具有政府背景的外部董事与企业的关系进行梳理后发现，在制造业企业中，涉及政府购买、出口的企业更倾向于聘用拥有政府背景的官员作为外部董事；环境监管较为严格的企业更倾向于聘用拥有律师资格的外部董事。Agrawal 和 Knoeber 进一步对 1990 年以后电力企业的样本进行了研究，发现当出现零售竞争时，企业更加倾向于聘用拥有政府背景的官员担任外部董事。尽管女性外部董事的数量越来越多，但并没有证据表明她们受聘用是出于政治关联考虑。

本书通过对相关文献进行梳理后发现，现有的绝大多数文献都是从资金需求方的角度来考察政治关联的价值和成本，而将作为资金供给方的银行作为企业折现其政治关联价值的重要中介来进行研究。实际上，银行业作为资金供给方，也会受到政治关联的影响。然而，从这个角度研究银行高管政治关联的文献则非常缺乏。

3

制度背景与理论分析

3.1 制度背景

要研究城商行的信贷行为，首先要考察其独特的制度演进过程。相比于大型商业银行，我国城商行起步较晚。城商行的前身是改革开放之初成立的城市信用社。其由于规模较小、分布较为分散以及发展水平不均衡，积累了大量风险。为了整合金融资源，提高效率和降低风险，并且有利于监管当局对其进行有效监管，从 1994 年开始，在中国人民银行统一部署下，在对城市信用社已有资产和负债进行核对的基础上，我国开始对城市信用社进行改革。1998 年，城市信用社全部改名为城商行。在对城商行进行改革的过程中，国家考虑到城商行作为银行的特殊地位，为了保证改革的平稳进行，在改革之初便确定了地方政府对城商行的控股地位。城商行股东由当地企业、个体工商户、城市居民和地方财政入股资金构成。其中，地方财政为最大股东，持股比例在 30% 左右，单个法人股东的持股比例不得超过 10%，单个自然人股东的持股比例不能超过总股本的 2%。上述规定实际上从法律层面保证了城商行的地方政府控股的股权结构。在各地城商行改制过程中，地方政府积极提供协助，通过置换、剥离不良资产以及注资等方式，降低了城商行的不良贷款率，有效补充了城商行的资本，使得城商行的盈利能力大幅提升。因此，虽然城商行在成立初期规模较小，但是增长迅速，成为我国银行体系中的重要组成部分。中国银行业监督管理委员会披露的数据显示，截至 2013 年 12 月底，我国银行业金融机构的总资产比上年同期增长 13.27%，达到 151.35 万亿元，其中城商行总资产比上年同期增长 22.93%，占银行业金融机构比例首次突破 10%，达到 10.03%。然而，地方政府对城商行的协助并不是没有代价的，地方政府一股独大的控股地位，使得城商行得到了地方政府的大力支持，但也为地方政府干预城商行的运行提供了极大的便利，为城商行的金融风险埋下了隐患①②。地方政府作为城商行的大股东，往往干预银行的信贷行为，甚至将城商行作为地方政府的"第二财政"，随意支取资金，以支持当地建设。地方政府对城商行信贷行为的干预，导致城商行信贷行为违背了市场规律，最终提高了其信用风险水平。

3.2 政府控制

周黎安认为，鉴于地方政府寻求一切可能的来源进行投资、推动地方经济的发展的热情，各地政府将经济增长作为重中之重。在现行晋升体制下，地方官员之间的合作空间非常狭小，而竞争空间巨大③，各地政府展开经济增长的竞争。在推动经济增长的消费、投资和出口"三驾马车"中，投资是最容易由政府主导、见效最快的增长途径。因此，各地政府纷纷选择增加投资作为推动当地经济发展的主要方式，导致各地政府经济增长的竞争最终落实在各地政府的投资竞争上。考虑到资本的稀缺性，各地政府的投资竞争最终又落实在了各地政府的融资竞争上。为了保证融资渠道的畅通，地方政府既有动机也有能力对城商行实施控制。

一方面，从动机上看，在国有银行垂直化管理以后，地方政府无法再通过直接干预当地的大型国有银行而获得资金，刚刚建立的城商行更加成为当地政府融资的"救命稻草"④。为了保证地方经济发展所需的资金支持，地方政府有动机通过直接持有城商行股份和任命城商行董事长的方式对城商行实施控制。另一方面，地方政府往往是城商行的最大股东，因此从产权角度确认了其对城商行经营决策和人事任免的决策权。再加上城商

---

① 巴曙松，刘孝红，牛播坤. 转型时期中国金融体系中的地方治理与银行改革的互动研究 [J]. 金融研究，2005（5）：25-37.

② 黄建军. 我国城市商业银行与地方政府关系 [J]. 财经科学，2010（5）：24-30.

③ 周黎安. 晋升博弈中政府官员的激励与合作：兼论我国地方保护主义和重复建设问题长期存在的原因 [J]. 经济研究，2004（6）：30-40.

④ 2004 年，国务院发展研究中心中国城商行研究课题组通过对全国城商行的调查发现，城商行的经营活动受到地方政府的大量干预，各地城商行都为地方政府预留了很大份额的授信额度，用于支持当地基础设施建设。

行的其他股东基本也是当地的企业或政府部门，为了维持与当地政府的良好关系，一般不会对当地政府在城商行经营决策和人事任免上的决策提出异议。出于上述原因，地方政府完全有能力对城商行实施控制，更加方便地将城商行作为地方政府的"第二财政"，支取资金支持当地建设。然而，相比于中央政府，地方政府对与其建立政治关联的企业进行资源掠夺的可能性更大[①]。因此，地方政府通过控制城商行而进行的信贷资源的再分配是否改进了整个社会资源的使用效率和效果，对城商行本身又造成了什么样的影响，这些问题值得进一步探索。

3.3　政治关联

在相当长的一段时期内，我国实行的是以计划经济为主导的经济体制，诞生了大量的国有企业。这些企业主要由政府出资兴建，其管理者也由政府部门任命，相关部门依据其管理企业的经营业绩对其进行考核，并作为官员晋升的重要依据。在推行市场经济体制以后，政府作为"守夜人"的角色而逐渐退出由市场经济能够发挥作用的领域，然而，在现行的行政体制下，在一些关键性的且与银行经营息息相关的领域，如行政审批、土地征用和政策优惠等，政府官员仍然具有较大的控制力。这些控制力的存在，使得包括银行在内的企业有动机通过迎合政府的需求而获得政治关联，从而获得政府控制的关键性资源[②]。现有研究一般假设地方政府部门任命的城商行董事长是地方政府利益的代言人，这些董事长与地方政府的利益诉求完全一致。实际上，这一假设与我国现阶段的国情是有偏差的。在我国，从地方政府部门直接调任而来的董事长对城商行信贷政策制定的动机相对复杂。

---

① Cheung 等（2008）将中国上市政治关联划分为中央政府政治关联和地方政府的政治关联后发现，拥有中央政府政治关联的企业更能够得到政治关联的好处，而拥有地方政府政治关联企业的资源则更多地受到地方政府的转移，并且这种转移的资源并没有用于地方政府支持当地建设。

② Wijantini（2007）发现，拥有政治关联的企业陷入财务困境时的间接成本更低。

一方面，从地方政府部门直接调任而来的城商行董事长有动机提高城商行信用风险。我国的地方政府官员处于封闭的"内部劳动力"市场中，官员重要的发展途径就是获得晋升，而一旦被罢免或开除，这些官员很难流动到市场体系中实现再就业，这使得官员会利用一切可能的资源来获取晋升机会①。从地方政府部门调任到城商行担任董事长实际上为地方政府官员提供了一条较为"体面"的转移渠道。在我国现行的政治晋升体制下，官员的政绩和能力是重要的考核标准，因此为了获得政治晋升而回到地方政府部门，这些从地方政府部门直接调任的城商行董事长有充分的动机在信贷行为选择上迎合地方政府的融资需求。这些行为可能导致城商行累积了过多的信用风险，最终提高了城商行的信用风险。

另一方面，从地方政府部门直接调任而来的城商行董事长有动机降低城商行信用风险。在我国现行的政治晋升体制下，选拔官员除了考察其政绩和能力外，还会结合官员年龄进行综合考虑。如果官员年龄已经接近退休年龄，那么其获得晋升的机会大大减少。从地方政府部门直接调任而来的城商行董事长一般年龄偏大②，如果考虑到其在城商行的任期，平均来看，当该官员执行完其在城商行的董事长任期后，一般已经快到退休年龄，进一步获得政治晋升调任回地方政府部门的可能性非常小。在城商行内部的晋升体系中，董事长也已经达到内部晋升的顶点。因此，相比于对地方政府进行政治迎合而获得政治晋升，这些董事长可能更加关心如何平稳度过其政治生涯，进而顺利退休。基于此，从地方政府部门直接调任而来的城商行董事长在进行城商行的信贷决策时，可能会选择更加审慎的信贷行为，从而降低了城商行信用风险。在地方政府部门相对较为强势的情况下，地方政府官员的流动在一定程度上具有单向性，即由地方政府部门调到经济部门较为容易，而由经济部门调回到地方政府部门较难。因此，

---

① 周黎安. 中国地方官员的晋升锦标赛模式研究 [J]. 经济研究，2007（7）：36-50.
② 从下文的描述性统计可以看出，由政府部门直接调任而来的城商行董事长的平均年龄大约在53岁，已接近退休年龄。

本书有必要结合我国的国情，对从地方政府部门直接调任的城商行董事长进行更加深入的研究。

3.4 治理机制

由于地方政府既有动机又有能力对城商行进行控制，为了保障城商行的市场化运行，建立起使得城商行能够制约地方政府控制的治理机制尤为重要。然而，由于银行业特殊的经营性质，其面临的内部治理和外部治理与一般公司存在较大差异。在传统的公司治理的研究中，根据治理主体的不同，公司治理可以分为内部治理与外部治理。在内部治理方面，公司的内部治理主要来自为公司提供资源的资源提供方，从会计角度来说，主要是公司资金的来源方，即负债提供方和所有者权益提供方。来自负债提供方的治理称为债权人治理。在借债前，债权人首先审核借款人的财务资质，考察其是否具有还款付息的能力；其次根据借款人的财务资质和资金需求规模，确定借款利率；最后在债务契约中写入限制性条款，对借款人损害债权人的行为进行约束。在借款中，债权人主要通过定期考察债务人财务状况和付息情况来保障所借款项的安全性。在借款结束时，如果出现债务人无法偿还到期债务的情况，债权人通过对债务人的破产清偿的手段最大限度保证借款资金的收回。从债务人的角度来说，要成功从债权人处低成本融资，就必须充分满足债权人在借款前、中、后的各项要求，从而形成了来自债权人的治理压力，在客观上取得了债务人提升公司治理水平的效果。来自所有者权益提供方的治理称为股东治理。在投资前，股东通过考察公司业务的发展情况、成长潜力和管理水平等确定目标公司的投资价值；在投资中，股东通过"用手投票"的方式，投票参与公司经营决策和管理层任免来保障其投资的保值增值，也可以通过"用脚投票"的方式，撤回其投资资金；在投资后，出现公司破产情况时，股东以其出资额为限承担有限责任。从被投资公司的角度来说，其要成功从投资者处低成本融资，必须满足投资者在出资前、中、后的各项要求，从而形成了来自投资者的治理压力，这也在客观上取得了投资者提升公司治理水平的效果。在外部治理方面，非提供资源的第三方，如监管机构、媒体和行业协会等，对公司的治理水平进行监督，以提高公司的治理水平[①]。

银行业面临的内部治理和外部治理与一般公司存在较大差异[②]。在内部治理方面，首先，银行的债权人治理基本失效。银行的主要债务来源是存款和同业存放，对应的债权人分别是储户和其他银行。相对于一般公司而言，银行资产规模较大，负债比例较高，因此银行的融资渠道较多，相应的债务人也较为分散，使得银行在同债权人谈判时拥有更多的话语权。在我国监管机构放松存款利率上限和贷款利率下限管制之前，各银行的同期存款利率基本一致，因此在借款前，作为债权人的储户对其出借资金基本没有定价权；在借款中，银行债权人较为分散且各债权人借款额相对于银行借款规模来说较小，债权人没有充足的动机对银行的财务状况进行有效监督，导致在监督中普遍存在债权人"搭便车"的情况；在借款后，如果银行出现无法偿还到期债务的情况，分散的债权人可能通过挤兑的方式来保全出借资金，大规模的挤兑可能使银行面临较大的流动性风险，甚至导致银行倒闭。由此可见，相比于一般公司的债权人治理，债权人对于银行在借款前、借款中的监督是缺位的，无法形成有效的来自债权人的治理压力，从而导致银行的债权人治理的失效。其次，我国商业银行的股东治理也存在缺陷。长期以来，出于金融安全等考虑，我国对银行业实行严格的市场准入和参股限制[③]，提高了银行业中股东进入和退出的成本，股东无法低成本地"用脚投票"，导致股东治理的效果大大降低[④]。

在外部治理方面，从外部监管的角度来说，相对于一般公司，银行业

---

① Forssback（2011）指出，银行所在地的外部市场化程度会对其风险承担行为产生影响。

② Levine（2003）指出，与其他行业相比，银行业更加不透明，有着更多的制度约束，因此传统的治理机制在银行业中的作用可能就会大打折扣。

③ 相比于西方国家，我国银行业的市场准入成本更高。

④ Pathan（2009）发现，较强势的董事会更加倾向于增加银行的风险承担行为。

面临更加严格的外部监管，监管当局对银行的风险性、流动性等都有监管要求，因此监管当局对银行的监管压力使得银行有动力提升自身的治理水平。然而，银行的经营对象是资本，而资本非常具有稀缺性。在政府财政收入难以支撑其支出水平的情况下，银行成为政府获取资金的重要来源。政府的干预往往使得银行出现偏离市场选择的经营行为，进而使得银行外部治理的效果大打折扣。从外部要素市场竞争程度来说，由于银行业经营具有很强的外部性，其健康发展对维护经济稳定起到举足轻重的作用，因此各国都对银行进行了一定程度的管制，如流动性要求、利率管制①等。这些管制措施能够避免银行高息揽存等行为所导致的银行体系波动，有利于维护金融稳定和优化资源配置，但是也极大地降低了银行业市场竞争的激烈程度，从而使得市场经济中优胜劣汰的法则无法充分发挥作用，限制了市场竞争对银行治理的促进作用。

基于银行的内部治理机制与外部治理机制的特殊性，传统的非金融企业的债权人和股东的内部治理机制存在重大缺陷，而外部的监管及市场竞争等外部治理机制又无法充分发挥其治理作用。因此，银行业的内部治理和外部治理机制均有别于传统研究所聚焦的非金融企业。关于企业内部治理机制与外部治理机制能否在银行业有效发挥作用有待进行深入研究。

---

① 长期以来，我国一直对商业银行的存款和贷款利率进行一定程度的管制，虽然 2013 年 7 月 20 日开始，中国人民银行全面放开了对商业银行贷款利率的管制，但对其存款利率的管制仍未全面放开。

3.5　逻辑框架

地方政府既有动机也有能力对城商行的信贷行为进行干预。具体而言，地方政府主要通过直接控股和直接任命城商行董事长两种方式实现对城商行信贷行为的控制。银行的信贷行为主要分为信贷规模、信贷期限结构、信贷行业分布和信贷集中度等方面，要揭示地方政府控制对银行信贷行为的影响机制，必须分别从贷款规模、贷款期限结构、贷款行业分布和贷款集中度等维度进行考察。在此基础上，我们才能够进一步研究现有的内部治理机制和外部机制能否有效抑制地方政府控制对城商行信贷行为的影响。基于此，本书的主要实证逻辑框架见图 3-1。

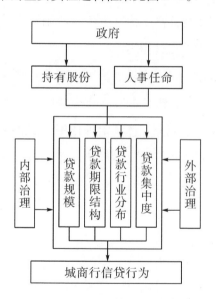

图 3-1　本书的实证逻辑框架

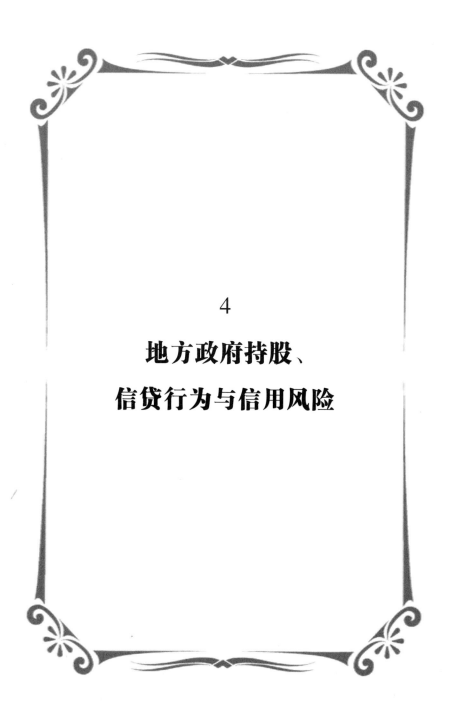

4

地方政府持股、
信贷行为与信用风险

4.1 引言

银行业作为调节资金融通的特殊企业，一直受到学术界的广泛关注（Lewis，1950；La Porta 等，2002；Dinc，2004；Marcucci 和 Quagliariello，2009，等等）。2008 年全球金融危机发生后，银行业的风险更是成为学术界和实务界关注的焦点，以往银行"大而不倒"（Too Big to Fall）的观点也不断受到挑战。由于银行行为存在的外部性，银行体系潜在风险的爆发往往引发整个经济体的危机，因此银行业的风险控制，无论是对其自身的正常持续经营还是对整个经济体的稳定运行都显得至关重要。目前，我国商业银行的主要收入来源仍然是利息收入[①]，信用风险仍然是多数商业银行面对的主要风险。监管当局对商业银行信用风险进行了严格控制。2006年 1 月，中国银监会发布了《商业银行风险监管核心指标（试行）》，将监管核心指标分为风险水平、风险迁徙和风险抵补三个层次，并分别规定了相应的监管标准。在上述监管标准中，信用风险被作为监管银行风险水平的主要指标之一，可见监管当局对信用风险的重视程度。然而，出于社会成本等考虑，我国银行监管重点仍然是少数大型银行。由于广大城商行的发展水平参差不齐，因此监管当局无法有效对其实施监管。实际上，相比于国有大型银行，城商行更容易累计风险。首先，地方政府一般是城商行的大股东，地方政府出于发展当地建设等考虑，会干预城商行的经营活动（巴曙松等，2005；黄建军，2010），导致城商行信用风险升高。其次，城商行的经营地域一般较为集中，多数城商行并未实现跨省经营。经营地域的局限性决定了城商行信贷对象选择的局限性。当地少数经营状况好、资金需求量大的优质客户成为众多银行竞相追逐的目标，各银行竞争的结果往往会降低当地银行的整体利润率。因此，在信贷选择的优质对象较少

---

① 张雪兰（2011）分析了我国 14 家主要商业银行非利息收入的发展趋势后发现，截至 2010 年年底，我国 14 家主要商业银行的利息收入仍然占到其总收入的 80% 以上。

的情况下，城商行可能更愿意将钱贷给政府。最后，城商行一般规模较小，出于成本收益考虑，城商行通常没有建立起较为规范的内部控制体系，导致其在业务开展时积累更多风险。因此，城商行更容易累积风险，当遇到外部冲击时，以城商行为代表的中小银行往往是银行体系中最脆弱的环节，更容易受到冲击。例如，当2008年金融危机到来时，大银行具有规模优势，可以"大而不倒"，得到充分的政府救助和媒体关注，而广大中小银行却只能通过自身努力来应对金融危机，最终大量中小银行在这场金融浩劫中纷纷破产，增加了金融危机影响的广度和深度①。因此，为了维护我国银行体系的整体安全，研究城商行的风险形成机制至关重要。

那么，究竟地方政府持股会在多大程度上影响城商行的风险呢？上述影响的传导机制何在？现有文献无法给出上述问题的答案，因此本章采用2007—2012年我国城商行的数据，分析了地方政府持股对城商行信用风险水平的影响，并进一步从贷款规模、贷款期限结构、贷款行业分布和贷款集中度四个维度研究了上述影响的传导机制。

4.2 理论分析

在全球范围内，政府对银行的持股现象普遍存在（La Porta 等，2002），这种持股行为有助于政府对资金的流向进行引导，从而作出整个经济体的最优选择。然而，对银行本身而言，政府的直接持股行为及其对银行行为的控制，会给银行造成怎样的经济后果呢？对这个问题的回答分为发展观和政治观两种截然不同的观点。虽然较早期文献主要支持发展观的论点，但是近期义献的实证结果似乎更支持政府持股银行的政治观。有趣的是，尽管在学术上，金融自由化和政府持股银行的政治观被许多学者

---

① Andries 和 Billon（2010）指出，相对于私人持股银行，政府持股的银行受到紧缩性货币政策的影响更小。

接受，但在实务中，政府持股银行的行为在世界范围内仍普遍存在①。

仔细分析相关文献，本书认为，现有研究至少存在以下两个方面的缺陷：第一，多数文献研究的是国有股股东持股对银行绩效和效率等产出指标的影响，缺乏关于地方政府控股对银行经营行为影响机制的探讨。第二，绝大多数实证研究的对象集中在规模较大的银行，对中小银行的研究较少，而中小银行恰恰是最容易暴露银行体系风险的银行。

基于此，本书选择城商行作为研究对象，考察地方政府控股对城商行经营活动的影响以及上述影响的传导机制。由于银行经营活动的复杂性，很难全面衡量地方政府持股对城商行的影响，考虑到目前我国城商行的主要业务仍然是传统的存贷业务，因此信用风险仍然是我国银行监管当局和城商行高度关注的主要风险。本章选择城商行信用风险作为研究对象，主要从银行信用风险角度考察地方政府股东对银行信用风险的影响以及影响背后的风险传导机制。具体而言，本章在第三部分首先研究地方政府持股比例对城商行信用风险的影响。由于信用风险是银行信贷活动产生的后果，要揭示国有股对银行信用风险影响背后的传导机制，必须对银行的信贷行为进行进一步研究，因此本章第四部分分别从贷款规模、贷款期限结构、贷款行业分布和贷款集中度四个维度，综合考察国有股股东对城商行贷款行为的影响。在此基础上，本章第五部分继续考察地方政府股东对城商行信贷行为施加的影响是否会最终引起银行信用风险水平的变化。

4.3 地方政府持股对银行信用风险影响的研究

4.3.1 理论分析及研究假设

地方政府对银行持股的现象广泛存在，然而关于地方政府持股对银行风险的影响方面，学者们尚未取得一致性结论。Boubakri 等（2005）从国

---

① R LA PORTA, F LOPEZ DE SILANES, A SHLEIFER, 2002. Government ownership of banks [J]. Journal of Finance, 57: 265-301.

有银行私有化的视角展开研究，发现在对国有银行实施私有化以后，短期内盈利能力会上升，但是经营效率会下降，风险也会增大。从长期来看，私有化后银行的经营效率会显著提升，风险也会显著降低。这一研究结果也表明，相对于私有银行，国有银行的风险更高。Laeven 和 Levine（2009）发现，拥有更强势股东的银行倾向于承担更高的风险，对银行的风险监管能否奏效往往受到该银行股东结构的影响。Jia（2009）对我国国有银行的贷款审慎行为进行研究后发现，民营银行在贷款过程中比国有银行更加审慎。Jia 进一步考虑到相比于国有银行，民营银行的股东和存款人可能有更强的监督动机从而更加强化监督，而我国银行系统改革后国有银行更加有动机强化贷款审慎行为，在控制了上述因素后，民营银行在贷款过程中依然比国有银行更加审慎，由此带来的信用风险更小。Barry 等（2011）对欧洲商业银行股权结构与银行风险的关系进行研究后发现，只有在私有银行中，股权结构才会对银行风险产生影响，个人或家族在私人银行中所占比例越高，该银行信用风险越低。

曹廷求等（2006）对山东和河南两省的 29 家中小商业银行的调查数据进行了实证检验，结果表明，政府股东的存在能够显著降低银行风险。因此曹廷求等得出结论：政府股东对银行业影响的发展观点（而非政治观点）对中小银行更有解释力。曹廷求等（2006）也意识到由于样本的局限性，政府股东对银行业的影响尚需大样本的更进一步检验。Hakenes 和 Schnabel（2011）运用不完全竞争和道德风险的模型，考察了在《巴塞尔协议Ⅱ》的资本监管要求下，银行规模与其风险承担的关系后也发现，规模较大的银行（一般为国有银行）在《巴塞尔协议Ⅱ》下可以降低其风险水平，而规模较小的银行（一般为私有银行）不得不在激烈的竞争压迫下选择承担更大的风险。因此，在《巴塞尔协议Ⅱ》的资本监管要求下，相对于规模较小的私有银行，政府控股的大型银行往往风险水平更低。

从上述文献可以看出，地方政府对城商行信用风险的影响效果十分复杂。本书认为，地方政府入股甚至控股城商行后，会增加其信用风险。其原因如下：首先，地方政府一般是城商行的大股东，地方政府出于发展当地建设等考虑，会干预城商行的经营活动（巴曙松等，2005；黄建军，2010）。因此，国有股股东既有动机又有能力干涉城商行的信贷行为，使其信贷行为偏离市场化选择的结果，最终导致城商行信用风险升高。其次，城商行的经营地域一般较为集中，多数城商行并未实现跨省经营，经营地域的局限性决定了城商行信贷对象选择的局限性。当地少数经营状况好、资金需求量大的"优质客户"往往成为众多银行竞相追逐的目标，各银行竞争的结果会降低当地银行的整体利润率，因此在信贷选择的优质对象较少、贷款给企业客户利润率较低的情况下，城商行可能更愿意主动选择将钱贷给地方政府。最后，相对于大型国有银行，城商行一般规模较小。出于成本收益的考虑，城商行通常没有建立起较为规范的内部控制体系，导致其在业务开展时积累更多风险。基于此，本书提出假设 1 以验证上述结果。

假设 1：在其他条件不变的情况下，城商行中国有股占总股本的比例越高，其信用风险越大。

现有研究表明，货币政策会显著改变商业银行的风险承担行为。Diamond 和 Rajan（2006）的理论模型显示，银行的个体资本结构、流动性与规模会改变银行的信贷策略，从而造成了不同银行面临货币政策冲击时的反应差异。Borio 和 Zhu（2008）首先提出了货币政策的风险承担传导渠道，并指出货币政策会影响商业银行的风险承担行为，进而影响整个金融体系的稳定。Scopel（2009）利用欧盟区银行借贷调查数据，发现货币政策对银行风险偏好有显著的影响。Olivero 等（2010）发现，银行间的竞争会影响货币政策的传导效果。徐明东和陈学彬（2011）指出，中小型银行受到紧缩性货币政策的影响更大。谭中和粟芳（2011）发现，宽松的货币政策会降低银行的破产风险，且短期比长期更加有效。于一和何维达

（2011）采用1999—2009年我国商业银行的数据研究发现，扩张性货币政策会刺激银行风险，不同银行会对货币政策冲击作出异质反应，城商行在风险效应中表现得十分激进。饶品贵和姜国华（2011）从微观企业的角度指出，在货币政策紧缩阶段，银行的信贷行为更加审慎，更多将信贷资源分配给会计稳健性较好的企业。Bhaumik等（2011）发现，货币政策对银行低风险的短期贷款和较高风险的长期贷款的影响是不同的。徐明东和陈学彬（2012）指出，扩张性货币政策对银行风险承担的激励作用强于紧缩性货币政策的约束作用。江曙霞和陈玉婵（2012）研究了我国14家上市银行在应对货币政策时的数据后发现，紧缩性货币政策对银行风险承担具有抑制的作用，银行会根据其资本状况选择风险承担水平以应对货币政策的影响。因此，为了验证地方政府持股对城商行信用风险的影响以及进一步研究在货币政策下城商行的风险承担行为，本章对紧缩性货币政策下，地方政府持股对城商行风险承担水平的影响进行了研究。本书认为，在紧缩性货币政策下，地方政府面临较紧的融资约束。在其他融资渠道受阻的情况下，地方政府会更加依赖于城商行来进行融资以保持当地的经济增长水平。基于此，本书提出假设2以验证上述结果。

假设2：在其他条件不变的情况下，当货币政策为紧缩型时，国有股股东更加会提高城商行信用风险（表现为银行信用风险与国有股的相关性更强）。

4.3.2 研究设计

本部分首先考察地方政府持股比例对城商行风险的影响。借鉴现有文献（曹廷求，2006；Jia，2009；Leary，2009；Lin和Zhang，2009；Foos等，2010；Barry等，2011；Bhaumik，2011；Hyun和Rhee，2011；Lu等，2013；张健华和王鹏，2012，等等）的做法，本部分设定模型如下：

$$\text{Risk}_{it} = \alpha_{it} + \beta_1 \text{Hold\_state}_{it} + \beta_2 \text{LnGDP}_{it} + \beta_3 \text{D\_branch}_{it} +$$
$$\beta_4 \text{Hold\_1}_{it} + \beta_5 \text{Stateown}_{it} + \beta_6 \text{Foreign}_{it} + \beta_7 \text{CAR}_{it} +$$
$$\beta_8 \text{LnAsset}_{it} + \beta_9 \text{Loan\_save}_{it} + \sum \text{Year}_{it} + \varepsilon_{it} \tag{4-1}$$

（1）因变量。在贷款风险（Risk）方面，本章选取当期不良贷款率（Badloan）和当期拨备覆盖率（Cover）作为银行信用风险的衡量指标。考虑到当期银行的信贷行为造成的结果可能具有滞后性，即当年的信贷行为可能在下一年度才会对银行信用风险产生影响。因此，在稳健性测试中，本章选取下一年度的不良贷款率（F_Badloan）和下一年度的拨备覆盖率（F_cover）作为银行信用风险的衡量指标，对实证结果进行检验。在信贷行为方面，本章主要从贷款规模、贷款期限、贷款行业分布和贷款集中度四个方面综合考察城商行的信贷行为及影响。具体而言，在贷款规模方面，本章主要选取贷款资产比（Loan_asset，即贷款/总资产）来衡量贷款规模。在稳健性检验中，本章选择存贷比（Loan_save，即贷款/存款）作为衡量指标进行实证检验。在贷款期限方面，本章选择短期贷款比（Loan_short，即短期贷款/贷款总额）和中长期贷款比（Loan_long，即中长期贷款/贷款总额）进行衡量。在稳健性测试中，本章选取短期贷款/总资产、短期贷款/存款、中长期贷款/总资产、中长期贷款/存款分别作为短期贷款比和中长期贷款比的替代变量对实证结果进行了检验。在贷款集中度方面，本章选择单一最大客户贷款比例（Loan_big）进行衡量。

（2）主要考察变量。国有股占比（Hold_state）主要是指国家投资或国有资产经过评估并由国有资产管理部门确认的国有资产折成的股份。由于大多数城商行并未上市，其信息披露尚不规范，本书无法通过其年度报告取得地方政府间接持股的国有股占比信息。因此，本书主要采用城商行所在地的地方财政和地方国有资产管理部门直接持有的银行股份占比作为国有股的比例。当年货币政策是否紧缩（MP），当年狭义货币供应量（M1）增长率小于10%时取1，否则取0。在稳健性测试中，本文选取广义货币供给量（M2）的增长率作为货币政策的衡量指标对实证结果进行检验。

（3）主要控制变量。借鉴现有文献（曹廷求，2006；杨德勇和曹永霞，2007；Jia，2009；谭兴民等，2010；钱先航，2011；Bhaumik，2011；

Hakenes 和 Schnabel，2011；张健华和王鹏，2012；祝继高等，2012；Cetorelli 和 Goldberg，2012，等等）的做法，本书选择以下变量作为控制变量：一是宏观控制变量——城商行所在城市当年的地区生产总值（GDP）的自然对数（LnGDP），用于控制不同地区的经济发展水平的影响。二是微观控制变量。微观控制变量包括是否跨省份设立分支行（D_branch），城商行跨省份设立分支行时取 1，否则取 0；第一大股东持股比例（Hold_1）；第一大股东性质是否为国有（Stateown），第一大股东性质为国有股时取 1，否则取 0；第一大股东性质是否为境外投资者（Foreign），第一大股东性质为境外投资者时取 1，否则取 0；资本充足率（CAR）；总资产的自然对数（LnAsset）；存贷比（Loan_save，即贷款/存款）；年度虚拟变量（Year），用于控制年度的影响。变量名称及定义见表 4-1。

表 4-1　变量名称及定义

变量名称	变量符号	变量定义
不良贷款率	Badloan	当年不良贷款占当年总贷款余额的比重
拨备覆盖率	Cover	当年计提贷款损失准备对不良贷款的比率
下一年度的不良贷款率	F_Badloan	下一年度不良贷款占下一年度总贷款余额的比重
下一年度的拨备覆盖率	F_Cover	下一年度计提贷款损失准备与下一年度不良贷款的比率
贷款资产比	Loan_asset	当年贷款总额与当年总资产的比值
存贷比	Loan_save	当年贷款与存款的比值
短期贷款比	Loan_short	当年短期贷款与当年贷款总额的比值。在稳健性检验中，本章分别选取当年短期贷款与当年总资产的比值、当年短期贷款与当年存款的比值，作为短期贷款比的替代变量
中长期贷款比	Loan_long	当年中长期贷款与当年贷款总额的比值。在稳健性检验中，本章分别选取当年中长期贷款与当年存款的比值、当年中长期贷款与当年总资产的比值，作为中长期贷款比的替代变量

表4-1(续)

变量名称	变量符号	变量定义
制造业贷款比	Loan_manu	制造业贷款/贷款总额
批发零售业贷款比	Loan_sale	批发零售业贷款/贷款总额
房地产业贷款比	Loan_estate	房地产业贷款/贷款总额
建筑业贷款比	Loan_build	建筑业贷款/贷款总额
贷款集中度	Loan_big	单一最大客户贷款占贷款总额的比例
国有股比例	Hold_state	城商行所在地的中央财政、地方财政和地方国有资产管理部门直接持有的银行股份比例
紧缩型货币政策	MP	狭义货币供应量（M1）增长率小于10%时取1，否则取0
M2 增速	MP2	广义货币供给量（M2）的增长率
所在地 GDP	LnGDP	城商行所在城市当年 GDP 的自然对数
跨省份设立分支机构	D_branch	当年跨省份设立分行时取1，否则取0
第一大股东持股比例	Hold_1	第一大股东持股数占总股数的比例
第一大股东是否为国有股	Stateown	第一大股东性质为国有股时取1，否则取0
第一大股东是否为境外投资者	Foreign	第一大股东性质为境外投资者时取1，否则取0
资本充足率	CAR	当年资本总额与加权风险资产总额的比例
总资产规模	LnAsset	当年总资产的自然对数
年度虚拟变量	Year	控制年度因素

4.3.3 数据来源与描述性统计

本书样本选择主要基于以下考虑：一是从 2013 年开始，监管机构逐步加大了对商业银行信贷投放的规范和引导力度，陆续出台了大量相关政策。例如，2013 年，国务院办公厅出台《国务院办公厅关于金融支持经济结构调整和转型升级的指导意见》，要求商业银行进一步加大金融对实体经济的支持力度。自 2014 年开始，国家提出去库存目标，并在 2015 年 12月中央经济工作会议上，正式提出要"扩大有效需求，化解房地产库存"。

2017 年以后，国家提出"房住不炒"。2020 年，国家提出房地产行业融资"三条红线"等。这一系列政策的推出，极大地影响了商业银行信贷需求和供给端，对商业银行的信贷决策，尤其是贷款规模、贷款期限结构、贷款行业分布和贷款集中度等均造成了重大影响。上述政策有利于推动商业银行的可持续发展，但由此带来的商业银行信贷行为变化并非完全因为治理机制和银行董事长选择导致。二是自 2015 年 1 月 1 日起，国有银行董事长、行长、监事长以及其他副职负责人的薪酬按照《关于深化中央管理企业负责人薪酬制度改革的意见》执行。这意味着银行业开始正式进入高管限薪时代。从已披露的国有银行董事长薪酬来看，董事长薪酬水平普遍已达到或接近限薪上限标准，因此在"限薪令"实施后，薪酬对城商行董事长带来的激励效用发生变化，对其利益诉求造成了较大的影响。三是自 2019 年年底开始，在新冠病毒感染疫情持续影响下，实体经济遭受了较大冲击，进而对商业银行的贷款业务规模、期限结构和信用风险等都造成了较大的影响。鉴于上述因素，为了减少监管指导和外部因素对城商行自主信贷投向选择与信用风险的影响，考察城市商业银行在自身利益驱动状态下，治理机制对城商行自主信贷决策的影响，本书选择 2007—2012 年城商行的样本进行研究，以分析在城商行自主决策的情况下，治理机制等因素对城商行董事长信贷决策等的影响，为金融监管政策对城商行信贷投放的规范和引导的必要性与合理性提供理论及实践依据。

《企业会计准则》于 2007 年开始在我国上市公司正式实行，考虑到会计信息的可比性，本书选取 2007—2012 年的城商行样本进行研究。我国城商行大多数还未上市，其信息披露尚不规范，因此本书首先剔除了关键财务数据缺失的样本。上市银行的公司治理受到投资者的关注，其行为可能与未上市银行存在差异，因此本书剔除了已经上市的北京银行、南京银行和宁波银行的数据。最终样本数为 458 个，各项财务数据均从城商行年度报告中人工搜集而来。为消除极端值的影响，本书对各连续变量（除取自然对数的变量外）均前后各进行了 1% 的 winsorize 处理。

表 4-2 显示了主要变量的描述性统计结果。其中，平均而言，我国城商行基本达到风险指标监管要求，如不良贷款率均值为 1.47%，达到"不良贷款率小于等于 4%"的监管要求；拨备覆盖率均值达到 280.29%，满足"拨备覆盖率大于等于 100%"的监管要求；资本充足率均值为 13.56%，达到"资本充足率大于等于 8%"的监管要求；流动性比率均值达到 64.99%，满足"流动性比率大于等于 25%"的监管要求。总体而言，我国城商行的风险可控，主要风险指标基本符合监管要求。然而，表 4-2 中单一客户贷款集中度均值达到 17.35%，未达到"单一客户贷款集中度小于等于 10%"的监管要求。这表明我国城商行的贷款集中度较高，可能隐藏着较大的信用风险。在跨地区经营方面，约 82% 的城商行尚未跨省份设立分支机构，经营地域的集中也在一定程度上对贷款集中度产生了影响。一方面，传统的利息收入仍然是多数城商行利润的主要来源，城商行要提高盈利性，必须大力推进贷款业务，而出于风险和成本的考虑，城商行往往将信贷重点集中在大笔业务上；另一方面，由于经营区域的集中性，相对于大型股份制银行在全国范围内甄选信贷客户，城商行只能在所经营地区的客户中进行选择。对大笔信贷业务的偏好和客户选择的有限性导致了城商行往往将信贷对象集中于本地区少数的几个大型客户，从而提高了贷款集中度。同时，对于资金需求方而言，银行的这一行为导致少数大客户成为本地区银行竞相追逐的目标，多数小客户无法从本地区银行中获得所需资金。

表4-2　主要变量的描述性统计结果

变量	样本数	均值	标准差	中位数	最小值	最大值
Badloan	441	0.014 7	0.014 3	0.010 1	0.000 0	0.095 6
Cover	382	2.802 9	2.321 1	2.272 0	0.381 0	18.608 1
F_Badloan	360	0.012 1	0.009 8	0.009 6	0.000 0	0.067 5
F_cover	315	3.092 8	2.390 7	2.500 8	0.772 3	18.608 1
Loan_asset	457	0.481 3	0.108 2	0.497 5	0.186 7	0.653 2
Loan_save	457	0.600 0	0.111 0	0.623 9	0.264 3	0.789 4
Loan_short	159	0.576 0	0.199 6	0.555 2	0.150 8	0.984 5
Loan_long	169	0.281 8	0.190 3	0.262 3	0.004 0	0.825 1
Loan_manu	336	0.258 2	0.125 1	0.238 3	0.064 9	0.562 8
Loan_sale	338	0.155 3	0.084 6	0.144 7	0.000 0	0.391 4
Loan_estate	331	0.076 1	0.056 1	0.066 8	0.000 0	0.210 9
Loan_build	331	0.056 5	0.031 8	0.052 5	0.000 0	0.154 7
Loan_big	405	0.173 5	0.261 8	0.076 7	0.013 5	1.306 4
Hold_state	400	0.183 7	0.174 2	0.157 5	0.000 0	0.926 4
MP	458	0.502 2	0.500 5	1.000 0	0.000 0	1.000 0
LnGDP	458	7.565 2	0.879 3	7.587 3	5.292 2	9.908 5
D_branch	458	0.181 2	0.385 6	0.000 0	0.000 0	1.000 0
Hold_1	422	0.211 2	0.150 5	0.185 2	0.055 1	0.820 0
Stateown	458	0.814 4	0.389 2	1.000 0	0.000 0	1.000 0
Foreign	458	0.072 1	0.258 9	0.000 0	0.000 0	1.000 0
CAR	447	0.135 6	0.048 7	0.128 2	0.000 0	0.596 1
Liquity	432	0.649 9	2.303 3	0.512 5	0.190 0	48.300 0
LnAsset	458	15.105 3	1.063 9	15.066 9	12.527 8	18.218 4

为了进一步分析我国城商行主要风险监管指标的逐年变化趋势，本书对主要风险监管指标的均值进行了分年度描述性统计。表4-3显示了我国城商行主要风险监管指标均值的分年度统计结果。总体而言，2007—2012

年，我国城商行的不良贷款率逐年降低，并且一直满足风险监管的要求；拨备覆盖率逐年上升，并且一直满足风险监管指标的要求；单一客户贷款集中度也在逐年降低，虽然在2007—2009年未满足风险监管的要求，但是在2010年以后达到了风险监管的要求，并且仍在逐年降低；资本充足率和核心资本充足率逐年上升，并且一直高于《巴塞尔协议Ⅱ》和我国风险监管指标的要求；流动性比率也一直维持在风险监管指标要求的25%以上。上述风险指标的逐年变化表明，总体上，我国城商行的上述风险指标均达到了我国风险监控指标的要求，各项指标衡量的风险均逐年下降，城商行整体资本较为充足，整体风险水平处于可控水平。另外，就盈利性而言，除了在2009年受国际金融危机的影响而略有下滑外，我国城商行的总资产收益率一直维持在1%以上，资本收益率一直维持在15%以上，整体盈利能力较强。

考虑到本书的主要变量，如不良贷款率、单一客户贷款集中度等可能存在相关关系，本书对主要变量的相关性进行了分析。表4-4显示了本书主要变量的Pearson相关系数计算结果。可以看出，本部分主要考察的变量不良贷款率（Badloan）与国有股比例（Hold_state）正相关，拨备覆盖率（Cover）与国有股比例（Hold_state）负相关，基本符合预期，即国有股比例越高，城商行的风险可能越大。但是，上述变量的相关关系并未剔除其他因素的影响，因此需要进一步控制其他因素，研究其相关关系。

表 4-3　主要风险监管指标均值的分年度统计结果

指标名称	2007 年		2008 年		2009 年		2010 年		2011 年		2012 年	
	样本数	均值/%	样本数	均值/%	样本数	均值/%	样本数	均值/%	样本数	均值/%	样本数	均值/%
不良贷款率	56	2.98	64	2.29	78	1.39	84	1.09	84	0.87	75	0.85
拨备覆盖率	45	113.29	56	144.39	69	206.78	74	315.31	72	417.23	66	397.65
单一客户贷款集中度	50	45.69	61	32.56	73	18.11	77	7.46	76	6.30	68	5.60
资本充足率	56	9.88	67	13.35	80	13.78	85	13.94	84	14.82	75	14.42
核心资本充足率	52	8.97	64	12.12	77	12.16	81	12.46	80	13.26	71	12.72
流动性比率	54	48.80	63	56.89	79	55.84	83	52.82	82	53.50	71	122.14
总资产收益率	56	1.08	66	1.03	78	0.87	83	1.05	83	1.23	75	1.26
资本收益率	55	21.35	65	16.62	78	13.91	83	17.49	83	16.88	75	17.70

表 4-4　主要变量的 Pearson 相关系数计算结果

变量	Badloan	Cover	F_Badloan	Loan_asset	Loan_save	Loan_short	Loan_long
Badloan	1.000 0						
Cover	-0.427 6 (0.000 0)	1.000 0					
F_Badloan	0.718 4 (0.000 0)	-0.314 0 (0.000 0)	1.000 0				
Loan_asset	0.161 0 (0.000 7)	-0.347 4 (0.000 0)	0.199 3 (0.000 1)	1.000 0			
Loan_save	0.031 5 (0.510 3)	-0.276 1 (0.000 0)	0.113 5 (0.031 5)	0.877 4 (0.000 0)	1.000 0		
Loan_short	-0.164 4 (0.040 3)	0.015 4 (0.865 4)	-0.071 4 (0.413 9)	0.554 0 (0.000 0)	0.511 2 (0.000 0)	1.000 0	
Loan_long	0.275 8 (0.000 3)	-0.111 0 (0.201 8)	0.127 4 (0.133 7)	-0.069 0 (0.372 7)	-0.187 5 (0.014 7)	-0.591 9 (0.000 0)	1.000 0
Loan_big	0.453 1 (0.000 0)	-0.292 8 (0.000 0)	0.419 0 (0.000 0)	0.186 8 (0.000 2)	0.093 6 (0.060 1)	-0.133 2 (0.099 6)	0.184 7 (0.017 9)
Hold_state	0.080 6 (0.108 6)	-0.071 0 (0.187 7)	0.123 9 (0.028 4)	0.084 2 (0.092 7)	0.068 4 (0.171 9)	-0.112 9 (0.189 0)	0.168 7 (0.041 1)
MP	-0.145 2 (0.002 2)	0.225 8 (0.000 0)	-0.090 9 (0.085 1)	-0.162 5 (0.000 5)	-0.047 0 (0.315 7)	0.073 8 (0.355 3)	-0.088 6 (0.251 9)

表4-4（续1）

变量	Badloan	Cover	F_Badloan	Loan_asset	Loan_save	Loan_short	Loan_long
LnGDP	-0.130 6 (0.006 0)	-0.006 1 (0.906 0)	-0.113 9 (0.030 7)	-0.180 7 (0.000 1)	0.009 5 (0.839 7)	-0.138 7 (0.081 3)	-0.066 3 (0.391 8)
D_branch	-0.050 8 (0.237 5)	-0.078 2 (0.127 0)	-0.013 7 (0.795 1)	0.037 6 (0.422 2)	0.114 5 (0.014 3)	0.191 0 (0.015 9)	-0.161 0 (0.036 5)
Hold_1	0.141 1 (0.033 8)	0.278 1 (0.000 0)	0.084 8 (0.124 1)	-0.334 3 (0.000 0)	-0.362 9 (0.000 0)	-0.157 5 (0.057 5)	0.039 9 (0.620 6)
Stateown	0.050 8 (0.232 5)	0.055 5 (0.279 3)	0.015 5 (0.769 7)	-0.122 1 (0.009 0)	-0.137 5 (0.003 2)	-0.435 3 (0.000 0)	0.342 4 (0.000 0)
Foreign	0.043 0 (0.357 9)	-0.061 4 (0.231 2)	0.098 2 (0.062 8)	0.107 0 (0.022 1)	0.122 4 (0.008 8)	0.127 6 (0.108 9)	0.032 7 (0.673 3)
CAR	-0.304 9 (0.000 0)	0.271 9 (0.000 0)	-0.286 4 (0.000 0)	-0.278 5 (0.000 0)	-0.168 9 (0.000 3)	-0.079 7 (0.321 0)	-0.027 2 (0.726 8)
Liquity	-0.025 0 (0.605 6)	0.040 2 (0.439 1)	-0.109 8 (0.042 1)	0.034 9 (0.470 0)	0.011 1 (0.819 0)	0.198 9 (0.012 8)	-0.104 3 (0.181 1)
LnAsset	-0.178 7 (0.000 2)	0.111 8 0.028 9	-0.126 4 (0.016 4)	-0.265 0 (0.000 0)	-0.060 2 (0.198 7)	-0.119 3 (0.134 1)	0.022 6 (0.770 2)

表 4-4（续2）

变量	Loan_big	Hold_state	MP	LnGDP	D_branch	Hold_1	Stateown
Loan_big	1.000 0						
Hold_state	0.120 7 (0.020 9)	1.000 0					
MP	-0.134 2 (0.006 8)	-0.035 5 (0.478 7)	1.000 0				
LnGDP	-0.267 9 (0.000 0)	0.065 8 (0.188 8)	0.150 0 (0.001 3)	1.000 0			
D_branch	-0.158 6 (0.001 4)	-0.118 2 (0.018 0)	0.049 0 (0.295 8)	0.414 0 (0.000 0)	1.000 0		
Hold_1	0.207 9 (0.000 0)	0.209 3 (0.000 0)	-0.055 0 (0.259 3)	-0.019 5 (0.690 1)	-0.113 2 (0.020 0)	1.000 0	
Stateown	0.047 0 (0.345 3)	0.225 0 (0.000 0)	-0.014 8 (0.752 7)	-0.093 9 (0.044 6)	-0.373 2 (0.000 0)	0.054 7 (0.261 9)	1.000 0
Foreign	-0.002 0 (0.968 7)	-0.039 4 (0.432 4)	0.024 1 (0.606 7)	0.185 4 (0.000 1)	0.329 2 (0.000 0)	-0.033 0 (0.499 0)	-0.583 7 (0.000 0)
CAR	-0.231 8 (0.000 0)	-0.138 6 (0.005 6)	0.144 3 (0.002 2)	0.049 2 (0.298 8)	-0.135 1 (0.004 2)	0.018 1 (0.712 2)	-0.004 8 (0.918 7)
Liquity	-0.081 1 (0.105 7)	0.019 2 (0.705 4)	0.052 4 (0.276 8)	0.005 8 (0.904 7)	-0.031 9 (0.508 0)	0.033 0 (0.505 2)	0.025 6 (0.595 7)
LnAsset	-0.309 4 (0.000 0)	0.066 9 (0.181 9)	0.172 3 (0.000 2)	0.704 7 (0.000 0)	0.503 8 (0.000 0)	-0.029 5 (0.545 6)	-0.062 1 (0.184 5)

表 4-4（续 3）

变量	Foreign	CAR	Liquity	LnAsset
Foreign	1.000 0			
CAR	−0.058 5 (0.217 2)	1.000 0		
Liquity	−0.020 3 (0.674 2)	0.026 7 (0.580 1)	1.000 0	
LnAsset	0.197 6 (0.000 0)	−0.075 8 (0.109 6)	0.001 8 (0.970 7)	1.000 0

注：表中显示的是主要变量的 Pearson 系数，括号中显示的是相应的 p 值。

从表 4-4 可以看出，本部分研究的主要变量之间存在显著的相关关系。为了检验这些相关关系是否会导致模型出现多重共线性，本书进一步计算了各主要变量的方差膨胀因子（VIF 值）。表 4-5 显示了主要变量的方差膨胀因子计算结果。从表 4-5 可以看出，本部分进行实证的主要变量的方差膨胀因子均在 2.5 以内，远远小于 10，表明模型不存在严重的多重共线性问题。

表 4-5　主要变量的方差膨胀因子计算结果

变量	Hold_state	LnGDP	D_branch	Hold_1	CAR	LnAsset	Loan_save	VIF 均值
VIF	1.12	2.07	1.52	1.22	1.12	2.30	1.31	1.52

4.3.4　回归分析

（1）银行信用风险与国有股比例。本书研究的样本跨度为 2007—2012 年，属于"大 N 小 T"类型的面板数据。然而由于本书研究的是未上市的城商行，其信息披露尚不规范，因此样本的局限性导致本书无法采用面板回归方法。一方面，相比于大型国有银行，城商行产生和发展的时间较短，其开始较为规范地披露财务信息的时间更短，因此无法获得足够年限的研究样本；另一方面，由于大多数城商行尚未上市，其财务信息披露的频率较低，内容也不够全面，因此样本存在很大程度上的缺失。鉴于上述因素的影响，本书主要选择混合面板的最小二乘法对研究样本进行回归。考虑到研究数据同时可能存在异方差的情况，本书对回归得到的 t 统计量进行了 Robust standard error 的修正。考虑到时间的影响，本书对样本所处的年份因素进行了控制。

本书首先研究银行风险与国有股比例的相关关系，本期银行风险采用该行本年度不良贷款率（Badloan）和本年度拨备覆盖率（Cover）来衡量。考虑到本年度的银行信贷行为可能影响的是以后年度的风险，为保证结果的稳健性，本书分别选择下一年度的不良贷款率（F_ Badloan）和下一年

度的拨备覆盖率（F_ Cover）作为银行风险的衡量指标对实证结果进行了
检验。表 4-6 显示了模型 1 的回归结果。从表 4-6 可以看出，各回归方程
的 P 值为 0.000 0，F 值较大，表明模型整体显著；各回归方程的 Adj R^{2}较
高，表明模型有较好的拟合性。无论是用当期（Badloan）还是用下一期
（F_Badloan）的不良贷款率衡量的银行信用风险，均与国有股比例（Hold_
state）显著正相关，而用当期（Cover）和下一期（F_ Cover）的拨备覆盖
率衡量的银行信用风险基本与国有股比例（Hold_state）显著负相关，这表
明国有股比例确实与城商行信用风险正相关。这一结论验证了假设 1，即
在其他条件不变的情况下，城商行中国有股占总股本的比例越高，其信用
风险越大。另外，可以看出，城商行的资本金充裕程度与其信用风险负相
关，这可能表明保持较高资本充足率的城商行一般较为谨慎，其信用风险
因此也会维持在较低水平。

表 4-6　模型 1 的回归结果

变量	因变量 Badloan	因变量 Cover	因变量 F_Badloan	因变量 F_ Cover
Hold_state	0.007 3** （2.43）	−0.897 5* （−1.82）	0.005 8** （2.17）	−0.932 9 （−1.61）
LnGDP	−0.009 （−1.25）	−0.074 2 （−0.70）	−0.000 7 （−1.24）	−0.055 5 （−0.42）
D_branch	0.000 3 （0.24）	−0.077 8 （−0.48）	0.000 1 （0.12）	0.039 8 （0.20）
Hold_1	0.000 0 （0.06）	0.019 5*** （3.23）	−0.000 0 （−0.41）	0.019 7*** （2.88）
Stateown	0.002 7* （1.76）	0.314 1* （1.66）	0.001 6 （1.29）	0.473 0* （1.91）
Foreign	0.003 1 （1.28）	0.078 0 （0.35）	0.003 0 （1.49）	0.108 4 （0.39）
CAR	−0.045 9*** （−3.63）	4.123 7* （1.96）	−0.027 9*** （−2.85）	3.107 8 （1.15）
LnAsset	−0.000 6 （−1.00）	−0.040 8 （−0.42）	−0.000 1 （−0.17）	−0.183 4 （−1.49）

表4-6(续)

变量	因变量 Badloan	因变量 Cover	因变量 F_Badloan	因变量 F_ Cover
Loan_save	−0. 004 2 (−1. 02)	0. 505 8 (0. 83)	−0. 000 7 (−0. 21)	0. 639 7 (0. 85)
常数项	0. 042 7*** (4. 83)	1. 177 8 (0. 98)	0. 027 2*** (3. 78)	3. 271 5** (2. 24)
Year	控制	控制	控制	控制
Adj R^2	0. 407 7	0. 506 4	0. 380 8	0. 439 3
P	0. 000 0	0. 000 0	0. 000 0	0. 000 0
F	16. 20	28. 32	10. 63	19. 99
N	397	346	311	267

注：①表格内的数据上面表示估计系数，下面括号内数字表示 t 值。表中显示的 t 值均是经过 Robust standard error 修正后的 t 统计量。②*** 、** 、* 分别表示 0.01、0.05、0.1 的显著性水平。

（2）紧缩型货币政策冲击。上述实证证明，国有股比例越高，城商行信用风险越大。在此基础上，本部分进一步考察紧缩型货币政策是否会加大由于国有股而带来的城商行信用风险增加。借鉴现有文献（曹廷求，2006；Kishan 和 Opiela，2006；Hu lsewig 等，2006；Jia，2009；钱先航，2011；Bhaumik，2011；靳庆鲁等，2012；马文超和胡思玥，2012；张雪兰和何德旭，2012；张健华和王鹏，2012；黄志忠和谢军，2013；Shim，2013，等等）的做法，本部分模型设计如下：

$$Risk_{it} = \alpha_{it} + \beta_1 MP \times Hold\_state_{it} + \beta_2 Hold\_state_{it} + \beta_3 LnGDP_{it} +$$

$$\beta_4 D\_branch_{it} + \beta_5 Hold\_1_{it} + \beta_6 Stateown_{it} + \beta_7 Foreign_{it} +$$

$$\beta_8 CAR_{it} + \beta_9 LnAsset_{it} + \beta_{10} Loan\_save_{it} + \sum Year_{it} + \varepsilon_{it} \quad (4\text{-}2)$$

其中，MP 为衡量货币政策是否紧缩的虚拟变量。借鉴黄志忠和谢军（2013）的方法，本书的紧缩型货币政策虚拟变量定义为当货币发行量（M1）环比小于等于 1. 1 时取 1，否则取 0。为了验证实证结果的稳健性，本书在后文中借鉴靳庆鲁等（2012）的做法，选取广义货币供给量（M2）

的增长率作为货币政策松紧度的衡量指标，对实证结果进行稳健性检验。其他变量定义如前。

表4-7显示了模型2的回归结果。从表4-7可以看出，各回归方程的P值为0.0000，F值较大，表明模型整体显著；各回归方程的Adj R^2较高，表明模型有较好的拟合性。当因变量为当期不良贷款率（Badloan）和下一期不良贷款率（F_Badloan）时，衡量紧缩型货币政策冲击的交互项（MP×Hold_state）的符号显著为正；当因变量为当期拨备覆盖率（Cover）和下一期拨备覆盖率（F_Cover）时，衡量紧缩型货币政策冲击的交互项（MP×Hold_state）的符号显著为负。上述结果表明，当货币政策为紧缩型时，国有股股东会提高城商行信用风险（表现为银行信用风险与国有股的相关性更强），从而支持了假设2，即在其他条件不变的情况下，当货币政策为紧缩型时，国有股股东更加会提高城商行信用风险（表现为银行信用风险与国有股的相关性更强）。

表4-7 模型2的回归结果

变量	因变量 Badloan	因变量 Cover	因变量 F_Badloan	因变量 F_Cover
MP×Hold_state	0.008 0* （1.87）	−3.529 0* （−1.70）	0.007 0* （1.73）	−1.420 9 （−1.51）
Hold_state	0.000 3 （1.21）	−0.099 9 （−0.83）	0.000 3* （1.85）	−0.041 5*** （−3.88）
LnGDP	−0.000 8 （−1.21）	−0.846 2 （−1.45）	−0.000 7 （−1.18）	−0.066 1 （−0.50）
D_branch	−0.000 0 （−0.01）	−0.205 6 （−0.43）	−0.000 2 （−0.21）	0.129 7 （0.67）
Hold_1	0.000 0 （0.26）	0.107 9** （2.22）	0.000 0 （−0.21）	0.200 4*** （3.07）
Stateown	0.003 2** （2.01）	−1.078 0 （−0.72）	0.001 9 （1.52）	0.435 2* （1.89）
Foreign	0.003 3 （1.33）	−1.074 1 （−0.94）	0.003 1 （1.51）	0.101 2 （0.38）

表4-7(续)

变量	因变量 Badloan	因变量 Cover	因变量 F_Badloan	因变量 F_ Cover
CAR	-0.048 9*** (-3.81)	22.129 7 (1.56)	-0.030 2*** (-2.98)	3.648 0 (1.24)
LnAsset	-0.000 6 (-0.92)	0.544 9 (0.98)	-0.000 1 (-0.12)	-0.203 0 (-1.64)
Loan_save	-0.003 3 (-0.78)	-2.703 8 (-1.35)	0.000 1 (0.04)	0.251 5 (0.35)
常数项	0.042 1*** (4.77)	-2.147 5 (-0.40)	0.026 8*** (3.71)	3.749 2** (2.56)
Year	控制	控制	控制	控制
Adj R^2	0.405 6	0.266 9	0.380 3	0.438 5
P	0.000 0	0.000 0	0.000 0	0.000 0
F	14.57	4.97	10.06	18.21
N	397	346	311	276

注：①表格内的数据上面表示估计系数，下面括号内数字表示 t 值。表中显示的 t 值均是经过
Robust standard error 修正后的 t 统计量。②***、**、* 分别表示 0.01、0.05、0.1 的显著性水平。

4.3.5 稳健性检验

为了检验上述实证结果的稳健性，本部分借鉴靳庆鲁等（2012）的做
法，选取广义货币供给量（M2）的增长率作为货币政策松紧度的衡量指
标，对实证结果进行稳健性检验。从表 4-8 可以看出，当因变量为当期不
良贷款率（Badloan）和下一期不良贷款率（F_Badloan）时，衡量紧缩型
货币政策冲击的交互项（MP×Hold_state）的符号显著为正；当因变量为当
期拨备覆盖率（Cover）和下一期拨备覆盖率（F_ Cover）时，衡量紧缩型
货币政策冲击的交互项（MP2×Hold_state）的符号显著为负。这一实证结
果与上文一致，表明本部分的实证结果是稳健的。

表 4-8　货币政策冲击的稳健性检验

变量	因变量 Badloan	因变量 Cover	因变量 F_Badloan	因变量 F_ Cover
MP2×Hold_state	−0.005 3[*] (−1.91)	3.222 7[*] (1.71)	−0.004 1[***] (−2.99)	3.128 1 (1.54)
Hold_state	0.001 5[*] (1.90)	−0.831 6[*] (−1.67)	0.001 2[***] (3.13)	−0.856 9 (−1.61)
LnGDP	−0.000 8 (−1.09)	−0.899 8 (−1.47)	−0.000 6 (−1.09)	−0.782 0 (−1.11)
D_branch	−0.000 1 (−0.04)	−0.137 3 (−0.28)	−0.000 2 (−0.22)	0.095 4 (0.16)
Hold_1	0.000 0 (0.27)	0.106 2[**] (2.21)	−0.000 0 (−0.19)	0.124 7[**] (2.17)
Stateown	0.003 5[**] (2.25)	−1.270 0 (−0.83)	0.002 2[*] (1.75)	−1.272 9 (−0.70)
Foreign	0.003 3 (1.31)	−1.029 3 (−0.92)	0.003 1 (1.49)	−1.211 3 (−0.89)
CAR	−0.050 5[***] (−3.94)	22.895 5 (1.60)	−0.031 4[***] (−3.12)	2.240 0 (0.32)
LnAsset	−0.000 6 (−1.05)	0.522 7 (0.95)	−0.000 1 (−0.21)	−0.037 5 (−0.06)
Loan_save	−0.002 7 (−0.65)	−3.085 0 (−1.45)	0.000 9 (0.25)	−5.276 7 (−1.28)
常数项	0.041 9[***] (4.75)	−0.962 3 (−0.19)	0.026 2[***] (3.66)	9.822 6 (1.33)
Year	控制	控制	控制	控制
Adj R^2	0.403 3	0.263 6	0.378 2	0.243 2
P	0.000 0	0.000 0	0.000 0	0.000 0
F	14.25	5.13	12.21	3.99
N	397	346	311	276

注：①表格内的数据上面表示估计系数，下面括号内数字表示 t 值。表中显示的 t 值均是经过 Robust standard error 修正后的 t 统计量。②[***]、[**]、[*]分别表示 0.01、0.05、0.1 的显著性水平。

4.4 地方政府持股对银行信贷行为影响的研究

上述实证表明，我国城商行中国有股比例越高，越可能提高城商行的信用风险，尤其是当货币政策趋紧的时候。然而，本书尚不能解答上述现象形成的机理，仍未找到地方政府持股增加城商行信用风险的传导机制。考虑到信贷行为是银行信用风险产生的主要原因，本部分主要研究国有股对城商行信贷行为的影响。

4.4.1 理论分析和研究假设

控制银行信贷行为是地方政府对银行进行控制的重要动机。Dinc（2004）利用 20 世纪 90 年代的新兴市场数据，研究了各国大选对本国银行信贷行为的影响。在对比了大选对国有银行和私有银行的信贷行为影响后，Dinc 发现相对于私有银行，国有银行更加会在大选年扩大信贷规模。平均而言，国有银行在大选年信贷规模扩大到了 11%。Spapienze（2004）运用意大利银行的数据研究了政府控制权对银行信贷行为的影响后发现，对类似的公司，国有银行收取的贷款利率比私有银行更低；国有银行更加倾向于贷款给经济落后地区和规模较大的公司。钱先航等（2011）研究了地方官员的晋升压力及任期对城商行信贷行为的影响后发现，当官员面临较大的晋升压力时，城商行会缩小贷款规模，减少短期贷款和增加长期贷款。本书认为，各地政府普遍将经济增长作为重中之重。在我国现行官员晋升体制下，地方官员之间的合作空间狭小，而竞争空间巨大（周黎安，2004），各地政府展开经济增长的竞争。在推动经济增长的消费、投资和出口"三驾马车"中，投资是最容易由政府主导的，也是见效最快的增长途径。因此，各地政府纷纷选择增加投资作为推动当地经济发展的主要方式，导致各地政府经济增长的竞争最终落实在各地政府的投资竞争上。考虑到资本的稀缺性，各地政府的投资竞争最终又落实在了各地政府的融资竞争上。于是，地方政府能够有效实施控制的城商行自然成为地方政府的重要融资来源。基于此，本书认为，地方政府持股会扩大城商行贷款规模，而由于地方政府主导的投资一般周期较长，对资金的需求也更多以中长期为主，因此本书提出假设 3 和假设 4，研究地方政府持股对城商行贷款规模和期限结构的影响。

假设 3：在其他条件不变的情况下，国有股占比越高，城商行的贷款规模越大。

假设 4：在其他条件不变的情况下，国有股占比越高，城商行越倾向于缩小短期贷款规模，而扩大中长期贷款规模。

本书认为，地方政府有极大的动机推动房地产业和建筑业的发展。首先，房地产业和建筑业涉及材料、建筑、金融等多个行业，其涉及的产业链较长，因此繁荣的房地产业和建筑业能够带动多个产业的发展，全面推动地方经济的发展。其次，房地产业和建筑业属于劳动密集型产业，并且就业门槛较低，能够吸纳大量文化水平不高的劳动力，因此房地产业和建筑业的发展能够有效解决地方的就业问题。最后，土地财政是各地政府财政收入的主要来源之一，高土地财政收入又与高地价直接相关，因此繁荣的房地产业能够增加土地需求，拉高房价，进而提高地方政府的"卖地"价格，增加地方政府的财政收入。因此，房地产业和建筑业在短期内能够推动经济发展，缓解就业压力和提高地方政府财政收入，成为各地政府竞相推动的行业。基于此，本书预期地方政府会通过其持股的城商行对房地产业和建筑业提供贷款支持，进而提出假设 5 验证上述结论。

假设 5：在其他条件不变的情况下，国有股占比越高，城商行在制造业和批发零售业的贷款占比越低，而在房地产业和建筑业中的贷款占比越高。

地方政府主导的投资一般都有规模较大的特点，这一特点决定了由地方政府主导的贷款一般集中度较高。因此，本书提出假设 6，考察地方政府持股对城商行贷款集中度的影响。

假设 6：在其他条件不变的情况下，国有股占比越高，城商行贷款集中度越高。

4.4.2 回归分析

本部分进一步考虑国有股股东对城商行贷款行为的影响。借鉴现有文献（Lepetit 等，2008；钱先航，2011），本部分从贷款规模、贷款期限结构、贷款行业分布和贷款集中度四个维度综合考察城商行贷款行为。借鉴现有文献（曹廷求，2006；Lepetit 等，2008；Jia，2009；Foos 等，2010；钱先航，2011；Barry 等，2011；Bhaumik，2011；张健华和王鹏，2012；钱先航和曹春芳，2013，等等）的做法，本部分模型设定如下：

$$\text{Loan}_{it} = \alpha_{it} + \beta_1 \text{Hold\_state}_{it} + \beta_2 \text{LnGDP}_{it} + \beta_3 \text{D\_branch}_{it} +$$

$$\beta_4 \text{Hold\_1}_{it} + \beta_5 \text{Stateown}_{it} + \beta_6 \text{Foreign}_{it} + \beta_7 \text{CAR}_{it} +$$

$$\beta_8 \text{LnAsset}_{it} + \beta_9 \text{Loan\_save}_{it} + \sum \text{Year}_{it} + \varepsilon_{it} \quad (4\text{--}3)$$

其中，贷款行为（Loan）分为贷款规模、贷款期限结构、贷款行业分布和贷款集中度四个维度。具体而言，贷款规模主要选取贷款资产比（Loan_asset，即贷款/总资产）来衡量。在稳健性检验中，本书选择存贷比（Loan_save，即贷款/存款）作为替代变量进行实证检验。

贷款期限结构方面，本书选择短期贷款占比（Loan_short，即短期贷款/贷款总额）和中长期贷款占比（Loan_long，即中长期贷款/贷款总额）来衡量。在稳健性测试中，本书分别选取短期贷款资产比（Loan_short2，即短期贷款/总资产）、短期贷款存款比（Loan_short3，即短期贷款/存款）、中长期贷款资产比（Loan_long2，即中长期贷款/总资产）、中长期贷款存款比（Loan_long3，即中长期贷款/存款）作为短期贷款占比和中长期贷款占比的替代变量对实证结果进行了检验。在贷款行业分布方面，本书选取四个主要的贷款投向，即制造业、批发零售业、房地产业和建筑业进行研究。本书分别用制造业贷款比（Loan_manu，即制造业贷款/贷款总额）、即批发零售业贷款比（Loan_sale，批发零售业贷款/贷款总额）、房地产业贷款比（Loan_estate，即房地产业贷款/贷款总额）和建筑业贷款比（Loan_build，即建筑业贷款/贷款总额）来衡量。在贷款集中度方面，本书选择单一最大客户贷款比例（Loan_big）进行衡量。其他变量定义如前，此不赘述。

表4-9显示了贷款规模和贷款期限结构与国有股的回归结果。从表4-9可以看出，各回归方程的P值为0.000 0，F值较大，表明模型整体显著；各回归方程的 Adj R^2 较高，表明模型有较好的拟合性。在贷款规模方面，衡量贷款规模的变量贷款资产比（Loan_asset）和存贷比（Loan_save）均与国有股比例（Hold_state）显著正相关，表明城商行中国有股占比越高，贷款规模越大，从而验证了假设3，即在其他条件不变的情况下，国有股占比越高，城商行的贷款规模越大。在贷款期限结构方面，短期贷款占比（Loan_short）与国有股比例（Hold_state）显著负相关，而中长期贷款占比（Loan_long）与国有股比例（Hold_state）显著正相关。这表明，国有股比例越高，城商行越倾向于减少短期贷款，增加中长期贷款，从而验证了假设4，即在其他条件不变的情况下，国有股占比越高，城商行越倾向于减少短期贷款规模，而扩大中长期贷款规模。

表4-9　贷款规模和贷款期限结构与国有股的回归结果

变量	因变量 Loan_asset	因变量 Loan_save	因变量 Loan_short	因变量 Loan_long
Hold_state	0.004 6 *** (3.99)	0.004 9 *** (3.51)	−0.350 4 ** (−2.48)	0.190 1 * (1.69)
LnGDP	0.006 4 (0.89)	0.009 5 (1.11)	−0.015 6 (−0.59)	0.000 6 (0.02)
D_branch	0.013 6 (0.86)	0.010 9 (0.59)	0.041 3 (0.67)	0.079 9 * (1.66)
Hold_1	−0.002 6 *** (−7.51)	−0.001 9 *** (−6.66)	0.001 5 (0.82)	−0.001 2 (−1.05)
Stateown	−0.020 3 (−1.32)	−0.041 9 (−1.56)	−0.149 9 ** (−2.31)	0.289 5 *** (6.52)

表4-9(续)

变量	因变量 Loan_asset	因变量 Loan_save	因变量 Loan_short	因变量 Loan_long
Foreign	0.022 6 ** (2.09)	−0.010 8 (−0.59)	0.095 1 (1.43)	0.139 1 *** (3.44)
CAR	−0.608 9 *** (−6.66)	−0.490 3 *** (−3.97)	−0.225 4 (−0.92)	0.398 2 (1.41)
LnAsset	−0.035 7 *** (−5.00)	−0.017 2 ** (−2.14)	−0.084 5 *** (−3.27)	0.032 4 (1.22)
常数项	1.142 5 *** (14.01)	0.965 5 *** (10.53)	2.036 3 *** (6.37)	−0.480 6 (−1.56)
Year	控制	控制	控制	控制
Adj R^2	0.374 6	0.257 6	0.330 9	0.274 1
P	0.000 0	0.000 0	0.000 0	0.000 0
F	22.23	11.10	8.37	7.71
N	398	398	137	147

注：①表格内的数据上面表示估计系数，下面括号内数字表示 t 值。表中显示的 t 值均是经过 Robust standard error 修正后的 t 统计量。②*** 、** 、* 分别表示 0.01、0.05、0.1 的显著性水平。

表4-10 显示了贷款行业分布和贷款集中度与国有股比例的回归结果。从表4-10可以看出，各回归方程的 P 值为 0.000 0，F 值较大，表明模型整体显著；各回归方程的 Adj R^2 较高，表明模型有较好的拟合性。在贷款行业分布方面，制造业贷款比（Loan_manu）、房地产业贷款比（Loan_estate）和建筑业贷款比（Loan_build）均与国有股比例（Hold_state）不存在显著的相关关系，表明国有股比例并不会影响城商行在制造业、房地产业和建筑业的贷款占比；而批发零售业贷款比（Loan_sale）与国有股比例（Hold_state）显著负相关，表明国有股比例越高，城商行越倾向于降低其在批发零售业的贷款占比。上述实证结果部分验证了假设5，即在其他条件不变的情况下，国有股占比越高，城商行的在制造业和批发零售业的贷款占比越低。

进一步的分析发现，衡量第一大股东国有股性质的虚拟变量（Stateown）与制造业贷款比（Loan_manu）和批发零售业贷款比（Loan_ sale）显著负相关，而与房地产业贷款比（Loan_estate）显著正相关。这表明，当国有股股东成为城商行第一大股东时，国有股股东会利用其第一大股东的控制力，减少城商行在制造业和批发零售业的贷款比重，而增加其在房地产业的贷款比重，这一结果与钱先航等（2011）的研究结论相符合。在贷款集中度方面，单一最大客户贷款比例（Loan_big）与国有股比例（Hold_state）显著正相关，表明在其他条件不变的情况下，城商行中国有股比例越高，其贷款集中度越高。上述实证结果部分验证了假设6，即在其他条件不变的情况下，国有股占比越大，城商行贷款集中度越高。

表 4-10 贷款行业分布和贷款集中度与国有股比例的回归结果

变量	因变量 Loan_manu	因变量 Loan_sale	因变量 Loan_estate	因变量 Loan_build	因变量 Loan_big
Hold_state	−0.012 6 （−0.43）	−0.076 8*** （−2.90）	−0.018 2 （−1.01）	0.001 4 （0.53）	0.005 6* （1.79）
LnGDP	0.014 7 （1.47）	−0.005 6 （−0.73）	0.010 8** （2.32）	0.002 8 （0.91）	0.053 2 （0.63）
D_branch	−0.030 5 （−1.62）	−0.039 6*** （−2.90）	0.024 1** （2.48）	0.006 1 （1.25）	−0.069 5* （−1.72）
Hold_1	−0.001 0** （−2.16）	−0.001 2*** （−4.12）	−0.000 2 （−0.79）	0.000 0 （0.14）	−0.000 8 （−0.20）
Stateown	−0.100 8*** （−4.01）	−0.034 8** （−2.20）	0.034 5*** （3.12）	0.000 9 （0.16）	0.030 1 （0.53）
Foreign	−0.132 7*** （−4.51）	−0.017 6 （−0.82）	0.020 4 （1.32）	−0.001 2 （−0.14）	0.088 7 （1.25）
CAR	−1.126 5*** （−4.10）	−0.132 5 （−0.55）	0.331 6** （2.20）	−0.048 6 （−0.68）	−2.715 5 （−1.49）
LnAsset	−0.052 3*** （−5.50）	0.004 4 （0.59）	0.009 6** （2.31）	0.002 5 （0.98）	−0.092 2 （−1.11）
Loan_save					−0.733 5 （−1.06）
常数项	1.167 6*** （9.87）	0.206 7** （2.16）	−0.206 0*** （−3.41）	−0.009 4 （−0.29）	2.359 1 （1.59）
Year	控制	控制	控制	控制	控制

表4-10(续)

变量	因变量 Loan_manu	因变量 Loan_sale	因变量 Loan_estate	因变量 Loan_build	因变量 Loan_big
Adj R^2	0.303 8	0.174 8	0.207 0	0.120 0	0.172 0
P	0.000 0	0.000 0	0.000 0	0.000 0	0.000 0
F	11.47	12.62	13.73	23.21	10.69
N	308	310	304	304	366

注：①表格内的数据上面表示估计系数，下面括号内数字表示 t 值。表中显示的 t 值均是经过 Robust standard error 修正后的 t 统计量。②***、**、* 分别表示 0.01、0.05、0.1 的显著性水平。

4.4.3 稳健性检验

为检验上述实证结果的稳健性，本部分选取短期贷款资产比（Loan_short2，即短期贷款/总资产）、短期贷款存款比（Loan_short3，即短期贷款/存款）、中长期贷款资产比（Loan_long2，即中长期贷款/总资产）、中长期贷款存款比（Loan_long3，即中长期贷款/存款）分别作为短期贷款占比和中长期贷款占比的替代变量对实证结果进行了检验。表 4-11 显示了贷款规模与国有股的回归的稳健性检验。从表 4-11 可以看出，衡量短期贷款占比的短期贷款资产比（Loan_short2）和短期贷款存款比（Loan_short3）均与国有股比例（Hold_state）显著负相关，表明在其他条件不变的情况下，国有股比例越高，城商行越倾向于减少短期贷款占比。衡量中长期贷款占比的中长期贷款资产比（Loan_long2）和中长期贷款存款比（Loan_long3）均与国有股比例（Hold_state）显著正相关，表明在其他条件不变的情况下，国有股比例越高，城商行越倾向于增加中长期贷款占比。上述结论与上文中实证结果相一致，表明该实证结论具有较强的稳健性。

表 4-11　贷款规模与国有股的回归的稳健性检验

变量	因变量 Loan_short2	因变量 Loan_short3	因变量 Loan_long2	因变量 Loan_long3
Hold_state	−0.006 3** (−2.15)	−0.009 6** (−2.54)	0.147 1** (2.55)	0.147 2** (2.16)
LnGDP	−0.020 7 (−1.38)	−0.028 1 (−1.43)	−0.011 1 (−1.03)	−0.011 0 (−0.81)
D_branch	0.042 9 (1.03)	0.046 6 (0.98)	0.040 1* (1.66)	0.042 3 (1.42)
Hold_1	−0.000 3 (−0.43)	−0.000 3 (−0.31)	−0.001 1* (−1.92)	−0.001 2* (−1.72)
Stateown	−0.103 4** (−2.37)	−0.124 8** (−2.53)	0.141 0*** (6.80)	0.168 3*** (6.66)
Foreign	0.046 2 (1.10)	0.052 0 (1.12)	0.085 9*** (3.83)	0.105 7*** (3.82)
CAR	−0.281 5** (−2.11)	−0.108 8 (−0.48)	0.025 8 (0.19)	0.115 5 (0.69)
LnAsset	−0.048 2*** (−3.13)	−0.041 8** (−2.29)	0.013 7 (1.11)	0.021 7 (1.39)
常数项	1.259 7*** (6.55)	1.285 6*** (5.91)	−0.089 9 (−0.62)	−0.208 5 −1.14
Year	控制	控制	控制	控制
Adj R^2	0.343 7	0.304 4	0.298 2	0.286 7
P	0.000 0	0.000 0	0.000 0	0.000 0
F	9.57	10.28	10.48	10.40
N	137	137	147	147

注：①表格内的数据上面表示估计系数，下面括号内数字表示 t 值。表中显示的 t 值均是经过 Robust standard error 修正后的 t 统计量。②***、**、*分别表示 0.01、0.05、0.1 的显著性水平。

4.5　银行信贷行为对信用风险传导机制的研究

从上文可以看出，国有股股东主要影响城商行的贷款规模、贷款期限结构、贷款行业分布和贷款集中度等贷款行为。具体而言，在贷款规模方面，国有股股东更加倾向于扩大城商行的贷款规模；在贷款期限结构方面，国有股股东更加倾向于减少城商行的短期贷款占比，而提高其中长期贷款占比；在贷款行业分布方面，成为第一大股东的国有股股东更加倾向于减少城商行在制造业和批发零售业的贷款比例，而增加其在房地产业的贷款比例；在贷款集中度方面，国有股股东更加倾向于将城商行的贷款集中，从而造成其较高的贷款集中度。在上述研究的基础上，本部分主要讨论国有股股东对城商行上述贷款行为影响的经济后果，即对城商行信用风险的影响，从而找到地方政府持股对城商行信贷风险影响的传导机制。

4.5.1　理论分析和研究假设

银行的信贷行为直接影响到其信用风险水平。Arriccia 和 Marquez（2006）指出，在面临激烈的市场竞争时，银行通常选择扩大贷款规模，这可能由银行通过降低信贷标准来实现，信贷标准的降低最终会导致银行信用风险的提高。Foos 等（2010）收集了 1997—2007 年 16 个国家的16 000多家银行的数据，研究了贷款规模增长对银行信用风险的影响后发现，当期的贷款增长会导致随后三期的不良贷款率上升，并且会降低随后三个会计年度的利息收入和资本充足率。Foos 进一步指出，贷款规模的扩大会降低风险调整后的利息收入。Nijskens 和 Wagner（2011）指出，单个银行能够控制其个体的信用风险，但是可能会增加银行业的整体系统风险。因此，本部分提出假设 7 至假设 13，分别检验地方政府持股所造成的城商行贷款规模、贷款期限结构、贷款行业分布和贷款集中度等贷款行为变化对城商行本身信用风险的影响。

假设 7：在其他条件不变的情况下，当期贷款规模越高，城商行当期和下一期的信用风险越高。

假设 8：在其他条件不变的情况下，当期短期贷款占比越高，城商行当期和下一期的信用风险越低。

假设 9：在其他条件不变的情况下，当期中长期贷款占比越高，城商行当期和下一期的信用风险越高。

假设10：在其他条件不变的情况下，当期制造业贷款比越高，城商行当期和下一期的信用风险越低。

假设11：在其他条件不变的情况下，当期批发零售业贷款比越高，城商行当期和下一期的信用风险越低。

假设12：在其他条件不变的情况下，当期房地产业贷款比越高，城商行当期和下一期的信用风险越高。

假设13：在其他条件不变的情况下，当期贷款集中度越高，城商行当期和下一期的信用风险越高。

4.5.2　回归分析

本部分首先从贷款规模、贷款期限结构和贷款行业分布三个维度分别考察其对城商行信用风险的影响。借鉴现有文献（曹廷求，2006；Jia，2009；Foos 等，2010；钱先航，2011；Barry 等，2011；Bhaumik，2011；张健华和王鹏，2012；钱先航和曹春芳，2013，等等）的做法，本部分模型设定如下：

$$
\begin{aligned}
\text{Risk}_{it} = {} & \alpha_{it} + \beta_1 \text{Loan}_{it} + \beta_2 \text{LnGDP}_{it} + \beta_3 \text{D\_branch}_{it} + \beta_4 \text{Hold\_1}_{it} + \\
& \beta_5 \text{Stateown}_{it} + \beta_6 \text{Foreign}_{it} + \beta_7 \text{CAR}_{it} + \beta_8 \text{LnAsset}_{it} + \\
& \sum \text{Year}_{it} + \varepsilon_{it} \tag{4-4}
\end{aligned}
$$

其中，在信用风险（Risk）方面，本书选取当期不良贷款率（Badloan）和当期拨备覆盖率（Cover）作为银行风险的替代变量，考虑到银行本年度的信贷行为造成的结果可能具有滞后性，即当年的信贷行为可能在下一年度才会对银行信用风险产生影响，因此在稳健性测试中，本书选取下一年度的不良贷款率（F_Badloan）和下一年度的拨备覆盖率（F_cover）作为银行风险的替代变量，对实证结果进行检验。在贷款规模方面，本书主要选取贷款资产比（Loan_asset）来衡量贷款规模。在贷款期限结构方面，本部分分别选择短期贷款比（Loan_short，即短期贷款/贷款总额）衡量短期贷款占比，选择中长期贷款比（Loan_long，即中长期贷款/贷款总额）衡量中长期贷款占比。在贷款行业分布方面，本部分分别用制造业贷款比（Loan_manu，即制造业贷款/贷款总额）、批发零售业贷款比（Loan_sale，即批发零售业贷款/贷款总额）和房地产业贷款比（Loan_estate，即房地产业贷款/贷款总额）衡量制造业、批发零售业和房地产业贷款占比。

表4-12显示了银行信用风险与贷款规模的回归结果。从表4-12可以看出，各回归方程的P值为0.000 0，F值较大，表明模型整体显著；各回归方程的Adj R²较高，表明模型有较好的拟合性。在贷款规模方面，衡量贷款规模的贷款资产比（Loan_asset）与当期不良贷款率（Badloan）不存在显著关系，而与下一期不良贷款率（F_badloan）显著正相关。这表明，当期的贷款规模越大，下一期的不良贷款率越高。贷款资产比（Loan_asset）与当期拨备覆盖率（Cover）和下一期拨备覆盖率（F_cover）均呈现显著的负相关关系。这表明，当期的贷款规模越大，当期和下一期的拨备覆盖率越低。上述结果表明，当期的贷款规模越大，城商行当期和下一期的信用风险越高。这一结论支持了假设7，即在其他条件不变的情况下，当期贷款规模越大，城商行当期和下一期的信用风险越高。

表4-12　银行信用风险与贷款规模的回归结果

变量	因变量 Badloan	因变量 Cover	因变量 F_Badloan	因变量 F_cover
Loan_asset	0.000 8 （0.18）	−4.142 3* （−1.69）	0.006 3* （1.72）	−3.087 6* （−1.66）
LnGDP	−0.000 7 （−1.10）	−1.113 5* （−1.68）	−0.000 5 （−0.77）	−0.392 8 （−1.36）
D_branch	−0.000 8 （−0.60）	−0.170 0 （−0.38）	−0.000 4 （−0.39）	0.120 0 （0.44）
Hold_1	0.000 1 （1.30）	0.096 1** （2.14）	0.000 0 （0.22）	0.051 8** （2.41）

表4-12（续）

变量	因变量 Badloan	因变量 Cover	因变量 F_Badloan	因变量 F_cover
Stateown	0.003 5** （2.41）	-1.470 0 （-0.92）	0.002 2* （1.83）	-0.045 1 （-0.08）
Foreign	0.003 6* （1.65）	-1.274 8 （-1.03）	0.003 2* （1.81）	-0.310 0 （-0.67）
CAR	-0.064 0*** （-3.47）	19.557 9* （1.69）	-0.016 6** （-2.42）	5.005 1 （1.13）
LnAsset	-0.000 4 （-0.72）	0.553 8 （0.96）	0.000 0 （0.05）	-0.203 0 （-0.77）
常数项	0.038 0*** （3.88）	0.800 0 （0.17）	0.018 7*** （2.62）	7.591 8** （2.43）
Year	控制	控制	控制	控制
Adj R^2	0.411 5	0.226 1	0.374 5	0.271 3
P	0.000 0	0.000 0	0.000 0	0.000 0
F	16.81	5.74	11.36	11.12
N	419	366	328	292

注：①表格内的数据上面表示估计系数，下面括号内数字表示 t 值。表中显示的 t 值均是经过 Robust standard error 修正后的 t 统计量。②***、**、*分别表示 0.01、0.05、0.1 的显著性水平。

在贷款期限结构方面，表4-13 显示了银行信用风险与短期贷款比的回归结果。从表4-13 可以看出，各回归方程的 P 值为 0.000 0，F 值较大，表明模型整体显著；各回归方程的 Adj R^2 较高，表明模型有较好的拟合性。当期不良贷款率（Badloan）和下一期不良贷款率（F_Badloan）均与当期短期贷款占比（Loan_short）显著负相关。这表明，当期短期贷款占比越高，城商行当期和下一期的不良贷款率越低。当期拨备覆盖率（Cover）和下一期拨备覆盖率（F_cover）均与当期短期贷款占比（Loan_short）呈现显著的正相关关系。这表明，当期短期贷款占比越高，城商行当期和下一期拨备覆盖率越高。上述实证结果表明，在其他条件不变的情况下，当期短期贷款占比越高，城商行当期和下一期的信用风险越低。上述实证结果支持了假设 8，即在其他条件不变的情况下，当期短期贷款占比越高，城商行当期和下一期的信用风险越低。

表 4-13　银行信用风险与短期贷款比的回归结果

变量	因变量 Badloan	因变量 Cover	因变量 F_Badloan	因变量 F_cover
Loan_short	-0.011 4** (-2.57)	1.804 6*** (3.38)	-0.007 4** (-2.18)	1.254 3** (2.35)
LnGDP	-0.001 5 (-0.73)	-0.108 2 (-0.69)	-0.001 7 (-1.24)	-0.186 6 (-0.99)
D_branch	-0.003 2 (-1.23)	0.124 1 (0.38)	-0.001 2 (-0.59)	0.237 6 (0.71)
Hold_1	0.000 2 (1.06)	0.004 0 (0.69)	0.000 2** (2.15)	0.132 6* (1.93)
Stateown	-0.002 5 (-0.71)	1.080 9*** (2.80)	-0.003 8* (-1.70)	1.186 8*** (3.08)
Foreign	-0.001 9 (-0.59)	0.528 8 (1.45)	-0.001 6 (-0.71)	0.689 8* (1.87)
CAR	-0.065 0* (-1.93)	2.436 6 (1.09)	-0.030 7* (-1.80)	1.918 7 (0.64)
LnAsset	-0.000 0 (-0.01)	0.003 9 (0.02)	-0.000 3 (-0.28)	-0.088 6 (-0.59)
常数项	0.047 3** (2.37)	-0.228 5 (-0.12)	0.040 0*** (2.77)	2.054 6 (1.03)
Year	控制	控制	控制	控制
Adj R^2	0.390 1	0.517 8	0.453 7	0.452 3
P	0.000 0	0.000 0	0.000 2	0.000 0
F	3.89	9.72	3.52	9.79
N	146	118	121	101

注：①表格内的数据上面表示估计系数，下面括号内数字表示 t 值。表中显示的 t 值均是经过 Robust standard error 修正后的 t 统计量。②***、**、*分别表示 0.01、0.05、0.1 的显著性水平。

表 4-14 显示了银行信用风险与中长期贷款比的回归结果。从表 4-14 可以看出，各回归方程的 P 值为 0.000 0，F 值较大，表明模型整体显著；

各回归方程的 Adj R^2 较高，表明模型有较好的拟合性。当期不良贷款率（Badloan）和下一期不良贷款率（F_Badloan）均与当期中长期贷款占比（Loan_short）显著正相关。这表明，当期中长期贷款占比越高，城商行当期和下一期的不良贷款率越低。当期拨备覆盖率（Cover）与当期中长期贷款占比（Loan_short）呈现显著的负相关关系。这表明，当期中长期贷款占比越高，城商行当期拨备覆盖率越低。上述实证结果表明，在其他条件不变的情况下，当期中长期贷款占比越高，城商行当期和下一期的信用风险越高。上述实证结果支持了假设9，即在其他条件不变的情况下，当期中长期贷款占比越高，城商行当期和下一期的信用风险越高。

表 4-14　银行信用风险与中长期贷款比的回归结果

变量	因变量 Badloan	因变量 Cover	因变量 F_Badloan	因变量 F_cover
Loan_long	0.016 5 *** (3.70)	−0.870 3 * (−1.84)	0.007 4 ** (2.51)	0.439 4 (0.60)
LnGDP	−0.001 3 (−0.76)	−0.164 5 (−1.63)	−0.001 2 (−0.98)	−0.260 4 (−1.51)
D_branch	−0.004 4 * (−1.87)	0.368 3 (1.54)	−0.002 4 (−1.45)	0.537 3 * (1.71)
Hold_1	0.000 2 (1.17)	0.005 0 (0.97)	0.000 2 ** (2.06)	0.016 1 ** (2.05)
Stateown	−0.004 8 * (−1.69)	0.854 1 *** (2.85)	−0.004 4 ** (−2.16)	0.882 5 ** (2.11)
Foreign	−0.004 5 (−1.47)	0.578 2 ** (2.05)	−0.003 2 (−1.49)	0.773 4 ** (2.01)
CAR	−0.069 2 ** (−2.27)	7.486 5 ** (2.59)	−0.036 4 ** (−2.25)	2.488 9 (0.79)
LnAsset	−0.000 2 (−0.10)	−0.016 0 (−0.14)	−0.000 2 (−0.27)	−0.248 8 (−1.50)
常数项	0.039 6 ** (2.28)	1.368 4 (0.99)	0.031 9 *** (2.91)	5.492 3 *** (2.83)
Year	控制	控制	控制	控制

表4-14(续)

变量	因变量 Badloan	因变量 Cover	因变量 F_Badloan	因变量 F_cover
Adj R^2	0. 410 4	0. 631 1	0. 442 4	0. 531 4
P	0. 000 0	0. 000 0	0. 000 1	0. 000 0
F	4. 04	19. 75	3. 86	9. 20
N	156	128	128	108

注：①表格内的数据上面表示估计系数，下面括号内数字表示 t 值。表中显示的 t 值均是经过 Robust standard error 修正后的 t 统计量。②***、**、*分别表示 0.01、0.05、0.1 的显著性水平。

在研究银行信用风险与贷款行业分布方面，由于涉及行业较多，鉴于篇幅限制，本部分只将本期不良贷款率（Badloan）和下一期不良贷款率（F_Badloan）的回归结果列示出来。表 4-15 显示了银行信用风险与制造业和零售业贷款占比的回归结果。从表 4-15 可以看出，各回归方程的 P 值为 0.000 0，F 值较大，表明模型整体显著；各回归方程的 Adj R^2 较高，表明模型有较好的拟合性。从制造业贷款占比（Loan_manu）来看，当期不良贷款率（Badloan）和下一期不良贷款率（F_Badloan）均与当期制造业贷款比（Loan_manu）显著负相关。这表明，城商行当期制造业贷款比越高，当期和下一期的不良贷款率越低。这一实证结论支持了假设 10，即在其他条件不变的情况下，当期制造业贷款比越高，城商行当期和下一期的信用风险越低。从批发零售业贷款比（Loan_sale）来看，当期不良贷款率（Badloan）和下一期不良贷款率（F_Badloan）与当期批发零售业贷款比（Loan_sale）均不存在显著的相关关系。这表明，城商行当期制造业贷款比并不会显著影响银行当期和下一期的信用风险水平。这一实证结论拒绝了假设 11，即在其他条件不变的情况下，当期批发零售业贷款比越高，城商行当期和下一期的信用风险越低。

表 4-15 银行信用风险与制造业和零售业贷款占比的回归结果

变量	因变量 Badloan	因变量 F_Badloan	因变量 Badloan	因变量 F_Badloan
Loan_manu	−0.037 3 ** (−2.48)	−0.012 2 * (−1.81)		
Loan_sale			0.010 0 (0.45)	0.005 6 (0.61)
LnGDP	0.001 9 (0.78)	−0.000 9 (−0.63)	0.001 2 (0.52)	−0.001 4 (−1.09)
D_branch	−0.004 0 (−1.07)	0.001 1 (0.43)	−0.002 6 (−0.76)	0.001 6 (0.58)
Hold_1	0.000 1 (1.05)	0.000 1 (1.02)	0.000 2 (1.51)	0.000 1 (1.24)
Stateown	0.000 5 (0.17)	0.002 9 (1.38)	0.005 0 * (1.66)	0.004 6 ** (2.22)
Foreign	0.005 3 (0.69)	0.012 5 (1.57)	0.010 7 (1.43)	0.014 5 * (1.78)
CAR	−0.109 2 * (−1.68)	−0.022 0 (−1.25)	−0.091 6 (−1.60)	−0.019 4 (−1.06)
LnAsset	−0.003 2 * (−1.73)	−0.001 0 (−1.08)	−0.001 3 (−0.95)	−0.000 2 (−0.30)
常数项	0.089 6 ** (2.50)	0.046 6 *** (3.48)	0.048 6 ** (2.20)	0.031 8 *** (2.82)
Year	控制	控制	控制	控制
Adj R^2	0.219 8	0.209 2	0.195 0	0.201 2
P	0.000 0	0.000 0	0.000 0	0.000 0
F	5.31	6.09	6.75	5.78
N	329	253	331	255

注：①表格内的数据上面表示估计系数，下面括号内数字表示 t 值。表中显示的 t 值均是经过 Robust standard error 修正后的 t 统计量。② *** 、** 、* 分别表示 0.01、0.05、0.1 的显著性水平。

表 4-16 显示了银行信用风险与房地产业贷款占比的回归结果。从表 4-16可以看出，各回归方程的 P 值为 0.000 0，F 值较大，表明模型整体显著；各回归方程的 Adj R^2 较高，表明模型有较好的拟合性。从房地产

业贷款占比（Loan_estate）来看，当期不良贷款率（Badloan）和下一期不良贷款率（F_Badloan）均与当期房地产业贷款占比（Loan_estate）显著正相关。这表明，城商行当期房地产业贷款比越高，当期和下一期的不良贷款率越高。这一实证结论验证假设12，即在其他条件不变的情况下，当期房地产业贷款比越高，城商行当期和下一期的信用风险越高。

表4-16　银行信用风险与房地产业贷款占比的回归结果

变量	因变量：Badloan		因变量：F_Badloan	
	回归系数	T 值	回归系数	T 值
Loan_estate	0.218 9***	2.64	0.010 6**	2.08
LnGDP	−0.001 1*	−1.67	−0.001 0**	−2.04
D_branch	−0.001 5	−1.16	−0.000 6	−0.66
Hold_1	−0.000 0	−0.04	−0.000 0	−0.89
Stateown	0.003 7**	2.51	0.002 2**	2.00
Foreign	0.006 1**	2.34	0.004 2***	2.65
CAR	−0.017 6*	−1.78	0.000 3	0.06
LnAsset	−0.000 2	−0.38	0.000 1	0.23
常数项	0.031 5***	4.33	0.021 1***	4.12
Year	控制		控制	
Adj R^2	0.451 8		0.399 0	
P	0.000 0		0.000 0	
F	15.78		14.97	
N	325		251	

注：①表格内的数据上面表示估计系数，下面括号内数字表示 t 值。表中显示的 t 值均是经过 Robust standard error 修正后的 t 统计量。②***、**、*分别表示0.01、0.05、0.1 的显著性水平。

表4-17 显示了银行信用风险与贷款集中度的回归结果。从表4-17 可以看出，各回归方程的 P 值为 0.000 0，F 值较大，表明模型整体显著；各回归方程的 Adj R^{2}较高，表明模型有较好的拟合性。从贷款集中度（Loan_ big）来看，当期不良贷款率（Badloan）和下一期不良贷款率（F_Badloan）均与单一最大客户贷款比例显著正相关。这表明，当期单一最大客户贷款比例越高，本期和下一期不良贷款率越高。当期拨备覆盖率（Cover）和下一期拨备覆盖率（F_cover）均与单一最大客户贷款比例呈现显著的负相关关系。上述实证结果验证了假设13，即在其他条件不变的情况下，当期贷款集中度越高，城商行当期和下一期的信用风险越高。

表4-17 银行信用风险与贷款集中度的回归结果

变量	因变量 Badloan	因变量 Cover	因变量 F_Badloan	因变量 F_cover
Loan_big	0.016 2 *** (4.85)	−1.030 1 *** (−4.29)	0.008 1 *** (3.68)	−1.079 9 *** (−3.61)
LnGDP	0.000 1 (0.19)	−0.147 9 (−1.42)	−0.000 3 (−0.67)	−0.156 6 (−1.27)
D_branch	−0.000 2 (−0.19)	0.034 0 (0.21)	0.000 4 (0.41)	0.120 4 (0.61)
Hold_1	−0.000 0 (−0.50)	0.021 6 *** (3.35)	−0.000 0 (−0.72)	0.020 9 *** (3.08)
Stateown	0.002 2 (1.57)	0.332 1 * (1.87)	0.001 7 (1.43)	0.517 0 ** (2.33)
Foreign	0.002 7 (1.22)	0.097 0 (0.47)	0.002 8 (1.55)	0.154 4 (0.62)
CAR	−0.027 2 *** (−3.52)	2.665 7 * (1.74)	−0.014 1 ** (−2.44)	1.363 4 (0.66)
LnAsset	−0.000 4 (−0.63)	−0.063 9 (−0.66)	−0.000 2 (−0.39)	−0.157 8 (−1.36)
Loan_save	−0.007 0 * (−1.95)	0.886 2 (1.60)	−0.003 2 (−0.98)	0.920 5 (1.43)
常数项	0.028 6 *** (3.51)	2.084 6 * (1.84)	0.024 8 *** (3.58)	3.812 1 *** (2.90)
Year	控制	控制	控制	控制
Adj R^2	0.485 1	0.512 8	0.429 4	0.438 1
P	0.000 0	0.000 0	0.000 0	0.000 0

表4-17(续)

变量	因变量 Badloan	因变量 Cover	因变量 F_Badloan	因变量 F_cover
F	17.84	27.46	12.65	19.17
N	383	336	301	267

注：①表格内的数据上面表示估计系数，下面括号内数字表示 t 值。表中显示的 t 值均是经过 Robust standard error 修正后的 t 统计量。②*** 、** 、* 分别表示 0.01、0.05、0.1 的显著性水平。

4.6　本章主要结论

本章根据 2007—2012 年我国城商行的数据，首先研究了国有股比例对城商行信用风险的影响；其次分析了国有股股东影响银行信用风险的传导路径，分别从贷款规模、贷款期限结构、贷款行业分布和贷款集中度四个维度综合考察国有股股东对城商行贷款行为的影响；最后对国有股股东改变城商行贷款行为的经济后果进行了讨论。研究发现，国有股比例越高，城商行面临的信用风险越大；国有股比例越高，城商行越倾向于扩大贷款规模，降低短期贷款占比，增加中长期贷款占比，减少其在制造业和批发零售业的贷款占比并增加其在房地产业的贷款占比；国有股比例越高的城商行贷款的集中度也越高。由于国有股的影响而产生的城商行上述贷款行为的变化最终提高了其信用风险。上述研究结果支持了地方政府对银行持股的"政治观"，即地方政府出于自身目标而选择持有银行股份，从而对银行行为产生影响，往往会干扰市场的自我调节功能，对整个经济体和银行本身造成负面影响。

5

地方政府持股、治理机制
与城商行信贷行为

上一章我们发现地方政府会出于当地经济发展等考虑，通过其在城商行大股东的身份干涉城商行的信贷活动。具体而言，地方政府持股比例越高的城商行越倾向于扩大贷款规模，降低短期贷款占比，增加中长期贷款占比，减少其在制造业和批发零售业的贷款占比并提高其在房地产业的贷款占比与贷款集中度。上述信贷行为最终提高了城商行信用风险。在此基础上，本章首先研究内部治理和外部治理角度是否能够对国有股股东进行有效制衡，减少其对城商行信贷行为的不利干涉，并在此基础上，探讨上述内部治理和外部治理是否制约了国有股股东，降低了城商行信用风险。

5.1 引言

由于银行业特殊的经营性质，其面临的内部治理和外部治理都与一般企业存在较大差异。在内部治理方面，银行的债务人治理基本失效。银行的主要债务来源是存款和同业存放，对应的债权人分别是储户和其他银行。相对于一般公司而言，银行资产规模较大，负债比例较高，因此银行的融资渠道较多，相应的债务人也较为分散，使得银行在同债权人谈判时拥有更多的话语权。在我国监管机构放松存款利率上限和贷款利率下限管制之前，各银行的同期存款利率基本一致，因此在借款前，作为债权人的储户对其出借资金基本没有定价权；在借款中，由于银行债权人较为分散，并且各债权人借款额相对于银行借款规模来说较小，债权人没有充足的动机对银行的财务状况进行有效监督，导致在监督中普遍存在债权人"搭便车"的情况；在借款后，如果银行出现无法偿还到期债务的情况，分散的债权人可能通过挤兑的方式来保全出借资金，大规模的挤兑可能使银行面临较大的流动性风险，甚至导致银行倒闭。由此可见，相比于一般公司的债权人治理，债权人对银行在借款前、借款中的监督是缺位的，无法形成有效的来自债权人的治理压力，从而导致银行的债权人治理的失效。在外部治理方面，从外部监管的角度来说，相对于一般公司，银行业面临更加严格的外部监管。银行监管当局对银行的风险性、流动性等都有监管要求，如 2012 年 6 月 7 日中国银行业监督管理委员会公布了《商业银行资本管理办法（试行）》（以下简称《办法》），对商业银行的资本定义、资本充足率计算方法以及监管要求等进行了较为细化的规定，要求商业银行自 2013 年 1 月 1 日起开始施行。如此细化的外部监管要求是其他非金融企业所没有的，因此银行监管当局对银行的强制性监管压力使得银行有动力提升自身的治理水平。然而，由于银行经营对象是资本，而资本具有稀缺性，尤其是在目前各地政府财政收入难以支撑其支出水平的情况下，银行成为各地政府获取资金的重要来源。地方政府的干预往往使得银行出现偏离市场选择的经营行为，进而使得银行外部治理的效果大打折扣。由此可见，银行的内部治理与外部治理机制与非金融企业差别较大，治理机制失效导致的社会成本也更高。那么，以股权制衡为代表的内部治理机制和以金融市场化程度为代表的外部治理机制能否有效提升城商行的治理水平，进而对地方政府股东的不合理资金需求进行制约呢？这就是本章主要探讨的问题。

5.2　理论分析

在内部治理方面，Burkart 等（1997）指出，分散的股权及其带来的管理自由裁量权的变化，对于银行来说有利有弊。尽管大股东有些严格的控制在事后被发现是有效的，但在事前却是存在着对小股东利益侵占和非效率投资的威胁的。因此，过度集中的股权可能导致对银行的逐利性动机产生不利影响。Demsetz 和 Villalonga（2001）指出，分散的股权结构虽然会使某些代理问题更加恶化，但是能够在高管薪酬等方面为公司创造价值。因此，总体来看，股权结构与公司绩效之间不存在显著的相关关系。Gomes 和 Novaes（2005）指出，在不同公司治理情况下，大股东的行为会有所不同，股权是否应该集中应该由公司自身的特征与监管法则所决定。

当公司内部股东无法有效评估投资机会时，由大股东来监管公司会更好。因为此时如果股权过于分散，股东之间的沟通协调成本太高，更有可能导致公司错失好的投资机会。当外部投资者无法有效评估投资机会时，分散的股权结构更有利于公司进行大规模融资。Caprio 等（2007）指出，控股股东对中小股东的利益侵占在全世界范围内的银行中普遍存在，控股股东增加其现金流权的行为能够提升银行价值，更好的外部投资者保护制度能够有效提升银行价值，更大的现金流权能够减少投资者保护机制欠缺带来的价值损失。Caprio 等因此认为，投资者保护制度的完善能够有效降低大股东对小股东的侵占行为，更高的现金流权也能够提升公司的治理水平，然而地方政府相关部门的监督并不能显著提升银行的市场价值。Berger（2009）等对中国 1994—2003 年的银行样本进行研究后发现，传统的大型国有银行效率最低，外资银行效率最高，引入外资作为少数股东能够有效提高银行经营效率。Haw 等（2010）使用东亚和西欧的商业银行样本，研究了股权集中度、银行内部运营指标等与盈利指标之间的关系后发现，相对来说，股权较为集中的商业银行，绩效和效率更低，盈利的波动性越大，破产风险也越高。Haw 等进一步指出，法律部门和私人投资者的监管能够有效降低股权集中对商业银行带来的不利影响，然而官方的监督机构却未能对商业银行起到应有的治理作用，因此政府对银行的干预可能会适得其反。Schehzad 等（2010）选择了 50 个国家的 800 多家商业银行样本作为研究对象，研究了股权集中度对银行不良贷款率和资本充足率的影响后发现，较高的股权集中度能够显著提高银行的资本充足率，进而提高银行的风险权重资本。然而，股权集中度对不良贷款的影响较为复杂，当最大股东的持股比例超过 50% 时，股权集中度的提高能够显著降低银行的不良贷款率。Schehzad 等进一步研究发现，当投资者保护水平不高，外部监管不完善时，较高的股权集中度能够降低银行风险。Schehzad 等因此得出股权集中度可以作为对银行外部不完善监管制度的有效替代的结论，建议在投资者保护水平不高、外部监管还不完善的国家和地区的银行采用较为集中的股权结构以降低银行信用风险和充实银行资本。Azofra 和 Santamaria（2011）对西班牙商业银行的股权结构进行研究后发现，96%的西班牙商业银行存在终极控制人，并且终极控制人的现金流权与控制权之间的差距越大，银行的绩效越差。当终极控制人的现金流权与控制权相匹配时，股权集中度与银行绩效不存在显著的相关关系。

在外部治理方面，Goldsmith（1964）指出，政府在金融结构与金融发展中起到了举足轻重的作用，政府对金融机构的拥有及经营程度不同导致了各国金融发展出现了两种截然不同的路径。Demirguc 和 Detragiache（1998）对全世界 53 个国家 1980—1995 年金融自由化与银行危机的关系进行实证研究后发现，金融自由化的金融体系更加容易发生银行危机。然而，当监管机构的监管比较严格，外部机制比较健全，如法律比较完善、破产率较低和契约执行情况较好等，金融市场化对银行危机发生可能性的影响会被削弱。Demirguc 和 Detragiache 进一步对金融市场化、银行危机、金融发展水平和经济增长之间的关系进行研究后指出，金融市场化推行的前提是要有完善的法律制度条件、良好的契约精神以及高效而审慎的外部监管，仅仅只是达到经济稳定尚不足以保证金融市场化不会导致群体性的银行危机。Bandiera 等（2000）从存款的角度，运用主成分分析的方法研究了 25 年 8 个发展中国家金融市场化对银行自身业务的影响后发现，金融市场化会从多个维度影响银行的业务，然而每个国家的具体情况有所差异。在加纳和土耳其，金融市场化直接推动了银行存款的增长；在韩国和墨西哥，金融市场化显著降低了银行存款水平。因此，研究者无法判断金融市场化是否能够提高银行存款水平，不能依赖金融市场化提高银行存款进而拉动经济增长。Levine（2003）指出，与其他行业相比，银行业更加不透明，有着更多的制度约束，因此传统的治理机制可能在银行业中就会大打折扣。Levine 鼓励投资者要对银行施加更强的治理压力，而不能仅仅依靠政府的监管制度来约束银行的行为。Andersen 和 Tarp（2003）认为，在信息非对称的现实世界中，市场经济并不能保证资源配置的帕累托最优，金融市场化也并不一定有助于形成有效率的金融市场，金融市场化下过度的市场竞争会导致银行的"赌博行为"盛行；过度的竞争还降低了银行之间合作的可能性，最终降低了整个金融系统的效率。Andersen 和 Tarp 因此质疑了金融市场化改革是否真的可以使得金融体系成为国民经济"增长的引擎"。Das（2003）指出，以往"分配效率说"支持金融自由化有助于推动经济增长，然而"动物本性说"却认为金融自由化会加剧国内和全球范围的金融波动。Das 通过实证研究发现，从短期来看，各国金融市场化对经济的影响是不同的；从长期来看，金融市场化能够平滑经济周期的波动性，促进经济的平稳运行。Bekaert 等（2003）定量研究了金融化对经济增长的影响，发现 1998—2003 年每年实体经济增长的 1% 是金融市场化造成的。金融市场化主要通过两个途径推动实体经济增长：第一，金融市场化使得资金使用者的融资成本下降，进而推动了投资的增长，最终导致经济的增长；第二，金融市场化提高了要素使用效率，保证了实体经济的高效运行。Ghosh（2005）从资金使用者的角度研究了金融市场化缓解企业融资约束的作用。Ghosh 选择 1995—2004 年印度的制造业数据进行实证分析后发现，金融市场化显著降低了印度制造业企业的融资约束，尤其是小微企业的融资约束降低最为明显。通过缓解企业的融资约束而保证企业融资活动的低成本运行，有助于增加企业投资，进而推动经济增长。Park 和 Peristiani（2006）对比了 1986—1992 年和 1993—2005 年银行股东的风险偏好动机后发现，银行监管当局更加严格的监管与更高的资本要求，能够将大量银行股东利己动机产生的道德风险排除在银行系统之外。Laeven 和 Levine（2008）指出，银行的风险偏好与股东的相对控股力呈现正相关关系。银行风险与资本监管、存款保险政策等的关系在很大程度上取决于银行的股权结构。对于不同治理结构的银行而言，同样的监管规则对其风险承担行为的影响是不同的。

5.3 地方政府持股、股权制衡与城商行信贷

5.3.1 理论分析与研究假设

在信息完全充分的前提下，分散的股权结构既可以使得银行在面临诸如兼并等重大事项时，能够集思广益，充分考虑全体股东的利益，又能够选举出代表不同股东利益的董事。这些董事可以互相监督制衡，从而提高银行的整体治理水平。然而，当存在信息不对称时，获取信息需要成本，小股东的最优选择可能并非不计成本地行使其监督权，而是"搭便车"，享受其他股东尽职行使监督权带来的便利，最后造成对银行的内部监控缺位的情况。此时，较为集中的股权使得大股东有动机行使其股东权利，更好地管理和监控银行的运营。前已述及，本书发现，国有股股东利用其股东权利，影响城商行的信贷行为，最终导致了银行信用风险的上升。如果城商行的股权较为分散，其他股东就可以有效制衡国有股股东干涉城商行信贷的行为，进而降低银行风险。因此，本部分提出假设1至假设6，检验股权分散度是否能够有效缓解国有股股东对城商行信贷的干涉行为。

假设1：在其他条件不变的情况下，城商行的股权越分散，国有股股东扩大城商行贷款规模的行为越会受到抑制。

假设2：在其他条件不变的情况下，城商行的股权越分散，国有股股东减少城商行短期贷款比例的行为越会受到抑制。

假设3：在其他条件不变的情况下，城商行的股权越分散，国有股股东增加城商行中长期贷款比例的行为越会受到抑制。

假设4：在其他条件不变的情况下，城商行的股权越分散，国有股股东减少城商行制造业和批发零售业贷款比例的行为越会受到抑制。

假设5：在其他条件不变的情况下，城商行的股权越分散，国有股股

东增加城商行房地产业和建筑业贷款比例的行为越会受到抑制。

假设6：在其他条件不变的情况下，城商行的股权越分散，国有股股东提高城商行贷款集中度的行为越会受到抑制。

5.3.2 研究设计

本部分首先考察银行内部治理机制能否制衡地方政府股东对于城商行信贷行为的影响。借鉴现有文献（曹廷求，2006；杨德勇和曹永霞，2007；Jia，2009；Foos 等，2010；谭兴民 等，2010；Barry，2011；Bhaumik，2011；张健华和王鹏，2012，等等）的做法，本部分设定模型如下：

$$\text{Loan}_{it} = \alpha_{it} + \beta_1 \text{HHI}_{it} \times \text{Hold\_state}_{it} + \beta_2 \text{Hold\_state}_{it} + \beta_3 \text{HHI}_{it} +$$
$$\beta_4 \text{LnGDP}_{it} + \beta_5 \text{D\_branch}_{it} + \beta_6 \text{Stateown}_{it} + \beta_7 \text{Foreign}_{it} +$$
$$\beta_8 \text{CAR}_{it} + \beta_9 \text{LnAsset}_{it} + \sum \text{Year}_{it} + \varepsilon_{it} \qquad (5-1)$$

（1）因变量。在信贷行为方面，本书主要从贷款规模、贷款期限、贷款行业分布和贷款集中度四个方面综合考察城商行的信贷行为及其影响。具体而言，在贷款规模方面，本书主要选取贷款资产比（Loan_asset，即贷款/总资产）来衡量贷款规模。在稳健性检验中，本书选择存贷比（Loan_save，即贷款/存款）作为衡量指标进行实证检验。在贷款期限方面，本书主要选择短期贷款比（Loan_short，即短期贷款/贷款总额）和中长期贷款比（Loan_long，即中长期贷款/贷款总额）来衡量贷款期限。在稳健性测试中，本书分别选取短期贷款/总资产、短期贷款/存款、中长期贷款/总资产、中长期贷款/存款作为短期贷款比和中长期贷款比的替代变量对实证结果进行了检验。在贷款集中度方面，本书选择单一最大客户贷款比例（Loan_big）进行衡量。

（2）主要考察变量。本书选择股权集中度作为考察对象，用赫芬达指数（HHI）衡量股权分散度。具体算法为：银行前十名大股东的持股比例的平方和，用来衡量银行大股东持股的集中度和银行前十名大股东持股比例的分散程度。HHI 值越小，表明该城商行股权越分散。在稳健性检验中，本书借鉴现有文献（李维安和曹廷求，2004；杨德勇和曹永霞，2007；王擎和潘李剑，2012，等等）的做法，选择前十大股东持股比例之和作为股权集中度的衡量指标，检验实证结果的稳健性。国有股占比（Hold_state）主要是指国家投资或国有资产经过评估并经国有资产管理部门确认的国有资产折成的股份。由于大多数城商行并未上市，其信息披露尚不规范，本书无法通过其年度报告取得地方政府间接持股的国有股占比信息，因此本书主要采用城商行所在地的地方财政和地方国有资产管理部门直接持有的银行股份占比作为国有股比例。股权分散度与国有股占比的交互项（HHI×hold_state）用于考察股权分散度是否能够制衡国有股对城商行贷款行为的干预。计算方法为赫芬达指数（HHI）乘以国有股占比（Hold_state）。为保证实证结果的稳健性，在稳健性检验中，本书还用前十大股东持股比例之和（H10）乘以国有股占比（Hold_state）所得的交互项（H10×hold_state）衡量股权分散度对国有股的制衡效果。

（3）主要控制变量。借鉴现有文献（曹廷求，2006；杨德勇和曹永霞，2007；Jia，2009；谭兴民等，2010；钱先航，2011；Bhaumik，2011；张健华和王鹏，2012，等等）的做法，本书选择以下变量作为控制变量：一是宏观控制变量——城商行所在城市当年的 GDP 的自然对数（LnGDP），用于控制不同地区的经济发展水平的影响。二是微观控制变量。微观控制变量包括是否跨省设立分支行（D_branch），城商行跨省设立分支行时取 1，否则取 0；第一大股东持股比例（Hold_1）；第一大股东性质是否为国有（Stateown），第一大股东性质为国有股时取 1，否则取 0；第一大股东性质是否为境外投资者（Foreign），第一大股东性质为境外投资者时取 1，否则取 0；资本充足率（CAR）；总资产的自然对数（LnAsset）；年度虚拟变量（Year），用于控制年度的影响。

5.3.3 数据来源及描述性统计

《企业会计准则》于 2007 年开始在我国上市公司正式实行，考虑到会计信息的可比性，本书选取 2007—2012 年的城商行样本进行研究。我国城商行大多数还未上市，其信息披露尚不规范，因此本书首先剔除了关键财务数据缺失的样本。上市银行的公司治理受到投资者的关注，其行为可能与未上市银行存在差异，因此本书剔除了已经上市的北京银行、南京银行和宁波银行的数据。最终样本数为 458 个，各项财务数据均从城商行年度报告中人工搜集而来。为消除极端值的影响，本书对各连续变量（除取自然对数的变量外）均前后各进行了 1% 的 winsorize 处理。

表 5-1 显示了主要变量的描述性统计结果。衡量股权分散度的赫芬达指数（HHI）若在 0.12 以上，则可以认为股权高度集中（赵尚梅等，2012）。从表 5-1 中可以看出，城商行股权集中度的赫芬达指数均值为 0.108 3，表明城商行的股权未达到高度集中。然而，城商行前十大股东持股比例之和（H10）的均值达到了 0.710 9，表明超过 70% 的股份集中在前十大股东手中。相对于一般上市公司而言，城商行的股权较为集中。

表 5-1 主要变量的描述性统计结果

变量	样本数	均值	标准差	中位数	最小值	最大值
Badloan	441	0.014 7	0.014 3	0.010 1	0.000 0	0.095 6
Cover	382	2.802 9	2.321 1	2.272 0	0.381 0	18.608 1
F_Badloan	360	0.012 1	0.009 8	0.009 6	0.000 0	0.067 5
F_cover	315	3.092 8	2.390 7	2.500 8	0.772 3	18.608 1
HHI	420	0.108 3	0.119 8	0.077 6	0.015 3	0.676 9
H10	420	0.710 9	0.159 0	0.726 4	0.372 6	0.999 0
Loan_asset	457	0.481 3	0.108 2	0.497 5	0.186 7	0.653 2
Loan_save	457	0.600 0	0.111 0	0.623 9	0.264 3	0.789 4
Loan_short	159	0.576 0	0.199 6	0.555 2	0.150 8	0.984 5
Loan_long	169	0.281 8	0.190 3	0.262 2	0.004 0	0.825 1
Loan_manu	336	0.258 2	0.125 1	0.238 3	0.064 9	0.562 8
Loan_sale	338	0.155 3	0.084 6	0.144 7	0.000 0	0.391 4

表5-1(续)

变量	样本数	均值	标准差	中位数	最小值	最大值
Loan_estate	331	0.076 1	0.056 1	0.066 8	0.000 0	0.210 9
Loan_build	331	0.056 5	0.031 8	0.052 5	0.000 0	0.154 7
Loan_big	405	0.173 5	0.261 8	0.076 7	0.013 5	1.306 4
Hold_state	400	0.183 7	0.174 2	0.157 5	0.000 0	0.926 4
LnGDP	458	7.565 2	0.879 3	7.587 3	5.292 2	9.908 5
D_branch	458	0.181 2	0.385 6	0.000 0	0.000 0	1.000 0
Hold_1	422	0.211 2	0.150 5	0.185 2	0.055 1	0.820 0
Stateown	458	0.814 4	0.389 2	1.000 0	0.000 0	1.000 0
Foreign	458	0.072 1	0.258 9	0.000 0	0.000 0	1.000 0
CAR	447	0.135 6	0.048 7	0.128 2	0.000 0	0.596 1
LnAsset	458	15.105 3	1.063 9	15.066 9	12.527 8	18.218 4

5.3.4 实证分析

本书研究的样本跨度为2007—2012年,属于"大N小T"类型的面板数据。然而由于本书研究的是未上市的城商行,其信息披露尚不规范,因此样本的局限性导致本书无法采用面板回归方法。一方面,相比于大型国有银行,城商行产生和发展的时间较短,其开始较为规范地披露财务信息的时间更短,因此无法获得足够年限的研究样本;另一方面,由于大多数城商行尚未上市,其财务信息披露的频率较低,内容也不够全面,因此样本存在很大程度上的缺失。鉴于受上述因素的影响,本书主要选择混合面板的最小二乘法对研究样本进行回归。考虑到研究数据同时可能存在异方差的情况,本书对回归得到的t统计量进行了Robust standard error的修正。考虑到时间的影响,本文对样本所处的年份因素进行了控制。

(1)贷款规模。我们首先来看贷款规模方面的实证结果。表5-2显示了股权分散度对国有股制衡效果(贷款规模)的回归结果。从表5-2可以看出,各回归方程的P值为0.000 0,F值较大,表明模型整体显著;各回归方程的 Adj R^2 较高，表明模型有较好的拟合性。在贷款规模方面，衡量贷款规模的变量贷款资产比（Loan_asset）和存贷比（Loan_save）均与国有股比例（Hold_state）显著正相关，表明城商行中国有股占比越高，贷款规模越大。然而，考察衡量股权分散度是否能够制衡国有股对城商行贷款行为的干预的交互项 HHI×hold_state 和 H10×hold_state 均不显著。这表明，在贷款规模方面，股权分散度无法对国有股扩大城商行贷款规模的行为形成有效的制衡，这一实证结果否定了假设 1，即在其他条件不变的情况下，城商行的股权越分散，国有股股东扩大城商行贷款规模的行为越会受到抑制。产生上述现象的原因可能是：一方面，在我国现行行政晋升体制下，地方官员间合作空间非常狭小，而竞争空间巨大（周黎安，2004），各地政府纷纷选择增加投资作为推动当地经济发展的主要方式，导致各地地方政府经济增长的竞争最终落实在地方政府的投资竞争上。考虑到资本的稀缺性，地方政府投资竞争最终又落实在了地方政府的融资竞争上。因此，为了保证当地经济增长，地方政府对资金有强烈的需求，地方政府有强烈的动机将其控股的城商行作为"第二财政"，即通过扩大城商行贷款规模来获得资金。另一方面，地方政府控制大量资源，拥有极强的话语权，而城商行的其他股东一般都在地方政府的管辖下开展经营活动。在行使城商行股东权利时，其他股东担心发表与地方政府股东不同的意见可能会得罪地方政府，导致其与地方政府的关系失和，最终损害其自身利益，因此其他股东在行使股东权利时会有所顾忌，难以充分发挥对地方政府股东的制衡作用。

表 5-2　股权分散度对国有股制衡效果（贷款规模）的回归结果

变量	因变量 Loan_asset	因变量 Loan_save	因变量 Loan_asset	因变量 Loan_save
HHI×hold_state	−0.385 8 (−0.35)	0.182 8 (0.35)		

表5-2(续)

变量	因变量 Loan_asset	因变量 Loan_save	因变量 Loan_asset	因变量 Loan_save
HHI	−0.662 7*** (−3.34)	−0.394 0*** (−5.41)		
H10×hold_state			−0.000 5 (−1.02)	−0.001 0 (−1.28)
H10			−0.001 9*** (−5.15)	−0.001 9*** (−4.35)
Hold_state	0.194 1** (2.25)	0.085 4* (1.91)	0.176 3*** (2.74)	0.196 8** (2.52)
LnGDP	0.004 4 (0.59)	0.000 8 (0.10)	0.005 5 (0.72)	0.009 1 (0.98)
D_branch	0.025 5 (1.56)	0.016 5 (0.87)	0.028 1 (1.64)	0.025 8 (1.31)
Stateown	−0.030 5* (−1.71)	−0.042 9** (−2.48)	−0.029 9 (−1.50)	−0.034 6 (−1.62)
Foreign	0.026 4 (1.63)	−0.003 9 (−0.21)	0.031 0* (1.74)	0.010 9 (0.53)
CAR	−0.580 7*** (−5.41)	−0.377 9*** (−2.92)	−0.606 6*** (−5.24)	−0.498 9*** (−3.39)
LnAsset	−0.039 0*** (−5.40)	−0.015 1** (−2.02)	−0.044 5*** (−5.63)	−0.026 3*** (−2.88)
常数项	1.185 5*** (14.46)	0.968 3*** (11.03)	1.336 0*** (13.72)	1.158 2*** (10.19)
Year	控制	控制	控制	控制
Adj R^2	0.366 0	0.297 6	0.337 8	0.211 2
P	0.000 0	0.000 0	0.000 0	0.000 0
F	18.74	11.49	16.02	8.21
N	396	396	396	396

注：①表格内的数据上面表示估计系数，下面括号内数字表示 t 值。表中显示的 t 值均是经过 Robust standard error 修正后的 t 统计量。②***、**、*分别表示 0.01、0.05、0.1 的显著性水平。

（2）贷款期限结构。表5-3 显示了股权分散度对国有股制衡效果（贷款期限结构）的回归结果。从表 5-3 可以看出，各回归方程的 P 值为 0.000 0，F 值较大，表明模型整体显著；各回归方程的 Adj R^2 较高，表明模型有较好的拟合性。在短期贷款方面，衡量股权分散度对国有股股东制衡效果的交互项 HHI×hold_state 和 H10×hold_state 均与短期贷款比（Loan_short）显著负相关，表明股权分散度能够有效抑制城商行中国有股股东降低短期贷款比例的行为。上述结果验证了假设 2，即在其他条件不变的情况下，城商行的股权越分散，国有股股东减少城商行短期贷款比例的行为越会受到抑制。在中长期贷款方面，衡量股权分散度对国有股股东制衡效果的交互项 HHI×hold_state 和 H10×hold_state 均与短期贷款比（Loan_long）显著正相关，表明股权分散度能够有效抑制城商行中国有股股东增加中长期贷款比例的行为。上述结果验证了假设 3，即在其他条件不变的情况下，城商行的股权越分散，国有股股东增加城商行中长期贷款比例的行为越会受到抑制。可以看出，股权分散度对制衡国有股股东对城商行贷款期限结构的干预效果较为显著。

表 5-3　股权分散度对国有股制衡效果（贷款期限结构）的回归结果

变量	因变量 Loan_short	因变量 Loan_long	因变量 Loan_short	因变量 Loan_long
HHI×hold_state	−2.880 4[*] （−1.75）	2.423 0[*] （1.73）		
HHI	0.997 1[**] （2.08）	−0.863 8[*] （−1.91）		
H10×hold_state			−0.006 6[***] （−3.23）	0.003 3[**] （2.15）
H10			0.002 6[**] （2.00）	−0.003 0[***] （−3.21）
Hold_state	−0.110 3 （−0.83）	0.000 2 （0.07）	−0.002 9 （−1.01）	0.001 2 （0.44）
LnGDP	−0.020 9 （−0.92）	0.013 8 （0.59）	−0.019 4 （−0.78）	0.013 6 （0.63）

表5-3(续)

变量	因变量 Loan_short	因变量 Loan_long	因变量 Loan_short	因变量 Loan_long
D_branch	0.002 8 (0.05)	0.082 3* (1.83)	−0.041 5 (0.65)	0.067 1 (1.56)
Stateown	−0.146 4** (−2.58)	0.273 0*** (6.53)	−0.136 5** (−2.02)	0.267 2*** (6.82)
Foreign	0.090 7 (1.62)	0.131 3*** (3.53)	0.097 8 (1.51)	0.137 8*** (3.67)
CAR	−0.425 5 (−0.63)	0.507 1 (1.19)	−0.851 1 (−0.98)	0.465 6 (1.13)
LnAsset	−0.066 1*** (−2.81)	0.023 5 (0.98)	−0.082 7*** (−3.18)	0.012 0 (0.88)
常数项	1.773 6*** (5.67)	−0.400 3 (−1.42)	1.958 8*** (5.37)	−0.199 6 (−0.69)
Year	控制	控制	控制	控制
Adj R^2	0.339 2	0.282 9	0.356 7	0.317 8
P	0.000 0	0.000 0	0.000 0	0.000 0
F	10.26	10.12	20.19	9.96
N	137	147	137	147

注：①表格内的数据上面表示估计系数，下面括号内数字表示 t 值。表中显示的 t 值均是经过 Robust standard error 修正后的 t 统计量。②***、**、*分别表示 0.01、0.05、0.1 的显著性水平。

（3）贷款行业分布。表 5-4 显示了股权分散度对国有股制衡效果（贷款行业分布）的回归结果。从表 5-4 可以看出，各回归方程的 P 值为 0.000 0，F 值较大，表明模型整体显著；各回归方程的 Adj R^2 较高，表明模型有较好的拟合性。在贷款行业分布方面，衡量股权分散度对国有股股东制衡效果的交互项 HHI×hold_state 和 H10×hold_state 与制造业贷款比（Loan_manu）和批发零售业贷款比（Loan_sale）均没有显著的相关关系。这表明，股权分散度并不能有效制衡国有股对城商行制造业和批发零售业贷款比例的干涉。上述实证结果拒绝了假设 4，即在其他条件不变的情况下，城商行的股权越分散，国有股股东减少城商行制造业和批发零售业贷款比例的行为越会受到抑制。衡量股权分散度对国有股股东制衡效果的交互项 HHI×hold_state 和 H10×hold_state 与房地产业贷款比（Loan_estate）和建筑业贷款比（Loan_build）均没有显著的相关关系。这表明，股权分散度并不能有效制衡国有股对城商行房地产业和建筑业贷款比例的干涉。上述实证结果拒绝了假设 5，即在其他条件不变的情况下，城商行的股权越分散，国有股股东减少城商行房地产业和建筑业贷款比例的行为越会受到抑制。上述实证结果表明，股权分散度并不能制衡国有股股东对城商行贷款行业分布的干涉。产生这一现象的原因可能是：一方面，相对于其他行业，地方政府对发展房地产业有着强烈动机。首先，房地产业和建筑业涉及材料、建筑、金融等多个行业，其涉及的产业链较长，因此繁荣的房地产业和建筑业能够带动多个产业的发展，全面推动地方经济的发展。其次，房地产业和建筑业属于劳动密集型产业，并且就业门槛较低，能够吸纳大量文化水平不高的劳动力，房地产业和建筑业的发展能够有效解决当地的就业问题。最后，土地财政是各地政府财政收入的主要来源之一，高土地财政收入又与高地价直接相关。繁荣的房地产业能够推高土地需求，拉高房价，进而提高地方政府的"卖地"价格，极大增加地方政府的财政收入。因此，房地产业和建筑业在短期内能够推动经济发展，缓解就业压力和提高地方政府财政收入，成为各地政府竞相推动的行业。在地方政府如此强烈的动机下，内部治理机制可能难以发挥作用。另一方面，城商行的法人股东经营活动涉及的行业较为广泛。实际上，近年来我国房地产业持续升温，产生了大量资本雄厚的房地产企业。在产品的建造和销售过程中，这些房地产企业与银行交往密切。城商行股份制改制后，很多房地产企业入股城商行，成为城商行的大股东，这些企业往往成为地方政府扩大城商行房地产业贷款规模的最大受益者。当国有股股东降低制造业和批发零售业贷款比，增加房地产业贷款时，城商行的其他股东可能难以形成一致意见，进而使得股权分散度对国有股的制衡效果大打折扣。

表 5-4　股权分散度对国有股制衡效果（贷款行业分布）的回归结果

变量	因变量 Loan_manu	因变量 Loan_sale	因变量 Loan_estate	因变量 Loan_build
HHI×hold_state	0.001 6 (0.33)	0.016 9 (0.03)	0.017 7 (0.04)	−0.001 3 (−0.54)
HHI	−0.081 9 (−1.61)	−0.107 4** (−2.39)	−0.011 1 (−0.26)	−0.004 8 (−0.33)
Hold_state	−0.019 7 (−0.63)	−0.082 6** (−2.49)	−0.018 1 (−0.66)	−0.016 4 (−1.36)
LnGDP	0.014 1 (1.41)	−0.007 2 (−0.92)	0.011 0** (2.32)	0.002 5 (0.81)
D_branch	−0.030 7 (−1.61)	−0.040 9*** (−2.78)	0.022 7** (2.33)	0.006 0 (1.18)
Stateown	−0.104 1*** (−4.37)	−0.046 8*** (−3.07)	0.027 9*** (2.64)	0.005 8 (1.12)
Foreign	−0.136 5*** (−4.70)	−0.027 3 (−1.28)	0.015 5 (1.00)	0.004 7 (0.51)
CAR	−1.047 3*** (−4.03)	−0.068 6 (−0.30)	0.338 4** (2.34)	−0.079 9 (−1.24)
LnAsset	−0.052 2*** (−5.62)	0.005 6 (0.76)	0.009 0** (2.16)	0.002 6 (1.01)
常数项	1.159 5*** (9.97)	0.187 4* (1.96)	−0.198 6*** (−3.26)	−0.006 3 (−0.20)
Year	控制	控制	控制	控制
Adj R^2	0.289 8	0.166 1	0.182 0	0.121 9
P	0.000 0	0.000 0	0.000 0	0.000 0
F	9.20	4.57	4.34	4.02
N	313	315	309	309

注：①表格内的数据上面表示估计系数，下面括号内数字表示 t 值。表中显示的 t 值均是经过 Robust standard error 修正后的 t 统计量。②***、**、*分别表示 0.01、0.05、0.1 的显著性水平。

（4）贷款集中度。表 5-5 显示了股权分散度对国有股制衡效果（贷款集中度）的回归结果。从表 5-5 可以看出，各回归方程的 P 值为 0.000 0，F 值较大，表明模型整体显著；各回归方程的 Adj R^2 较高，表明模型有较好的拟合性。衡量股权分散度对国有股股东制衡效果的交互项 HHI×hold_state 和 H10×hold_state 与城商行贷款集中度（Loan_big）均呈现显著的正相关关系。这表明，股权分散度能够有效抑制城商行中国有股股东提高贷款集中度的行为。上述实证结果支持了假设 6，即在其他条件不变的情况下，城商行的股权越分散，国有股股东提高城商行贷款集中度的行为越会受到抑制。

表 5-5　股权分散度对国有股制衡效果（贷款集中度）的回归结果

变量	回归系数	T 值	回归系数	T 值
HHI×hold_state	0.031 0***	3.36		
HHI	0.434 4***	2.66		
H10×hold_state			0.002 3**	2.04
H10			0.001 1*	1.72
Hold_state	0.045 5	0.90	0.004 2	0.69
LnGDP	−0.026 2*	−1.67	−0.028 6*	−1.84
D_branch	−0.052 6*	−1.83	−0.058 4**	−2.02
Stateown	−0.014 7	−0.39	−0.024 3	−0.63
Foreign	0.039 8	0.78	0.029 3	0.56
CAR	−0.817 2***	−3.42	−0.783 4***	−3.20
LnAsset	−0.006 3	−0.49	0.001 8	0.13
Loan_save	−0.074 6	−0.92	−0.134 1	−1.58
常数项	0.756 3***	4.02	0.651 3***	3.05
Year	控制		控制	
Adj R^2	0.417 9		0.403 4	
P	0.000 0		0.000 0	
F	100.25		8.91	
N	364		364	

注：①表格内的数据上面表示估计系数，下面括号内数字表示 t 值。表中显示的 t 值均是经过 Robust standard error 修正后的 t 统计量。②*** 、** 、* 分别表示 0.01、0.05、0.1 的显著性水平。

5.4 地方政府持股、市场化程度与城商行信贷

5.4.1 理论分析与研究假设

上文检验了内部治理机制对国有股股东的制衡效果，本部分主要考察作为外部治理的市场化程度是否能够有效制约国有股股东对城商行信贷行为的干涉。

市场化程度至少能够从两个方面影响银行的治理情况。一方面，在地方政府主导的经济体中，银行间的竞争往往体现为与地方政府关系的竞争。只有与地方政府搞好关系，银行才能够获得地方政府更多的政策红利。金融市场化水平越高，银行间的竞争越充分，银行间的竞争越体现在银行的盈利能力和治理水平等综合实力的竞争上，因此银行会更加专注于提高自身治理水平。另一方面，市场化水平较高的地区，地方政府相对弱势，外部监督媒体能够更自由地发挥其监督作用，从而对银行形成舆论监督压力，使得国有股股东在对城商行信贷行为进行干预时有所顾虑，进而取得制约其行为的效果。因此，本部分提出假设7至假设12，检验市场化程度是否能够有效制约国有股股东对城商行信贷行为的干涉。

假设7：在其他条件不变的情况下，市场化程度越高，国有股股东扩大城商行贷款规模的行为越会受到抑制。

假设8：在其他条件不变的情况下，市场化程度越高，国有股股东减少城商行短期贷款比例的行为越会受到抑制。

假设9：在其他条件不变的情况下，市场化程度越高，国有股股东增加城商行中长期贷款比例的行为越会受到抑制。

假设10：在其他条件不变的情况下，市场化程度越高，国有股股东减少城商行制造业和批发零售业贷款比例的行为越会受到抑制。

假设11：在其他条件不变的情况下，市场化程度越高，国有股股东增加城商行房地产业和建筑业贷款比例的行为越会受到抑制。

假设 12：在其他条件不变的情况下，市场化程度越高，国有股股东提高城商行贷款集中度的行为越会受到抑制。

5.4.2 研究设计

本部分首先考察银行外部治理机制能否制衡地方政府股东对城商行信贷行为的影响。借鉴现有文献（曹廷求，2006；杨德勇和曹永霞，2007；Jia，2009；Foos 等，2010；谭兴民等，2010；Barry 等，2011；Bhaumik，2011；张健华和王鹏，2012；钱先航和曹春方，2013；黄志忠和谢军，2013，等等）的做法，本部分设定模型如下：

$$\mathrm{Loan}_{it} = \alpha_{it} + \beta_1 \mathrm{Market}_{it} \times \mathrm{Hold\_state}_{it} + \beta_2 \mathrm{Hold\_state}_{it} + \beta_3 \mathrm{Market}_{it} +$$

$$\beta_4 \mathrm{LnGDP}_{it} + \beta_5 \mathrm{D\_branch}_{it} + \beta_6 \mathrm{Hold\_1}_{it} + \beta_6 \mathrm{Stateown}_{it} +$$

$$\beta_7 \mathrm{Foreign}_{it} + \beta_8 \mathrm{CAR}_{it} + \beta_9 \mathrm{LnAsset}_{it} + \sum \mathrm{Year}_{it} + \varepsilon_{it} \quad (5\text{-}2)$$

其中，在市场化程度（Market）方面，本书选择樊纲、王小鲁和朱恒鹏（2011）编制的市场化指数数据。该数据罗列了中国各省（自治区、直辖市）1997—2009 年的市场化指数以及各分项指标（包括金融市场化指数）。市场化指数（Market1）越高，表明该省份的市场化程度越高。为保证实证结果的稳健性，本书还选取金融市场化指数（Market2）（樊纲、王小鲁和朱恒鹏，2011）衡量城商行所在省份的市场化水平，对实证结果的稳健性进行检验。由于樊纲、王小鲁和朱恒鹏所编制的市场化指数只有1997—2009 年的数据，考虑到各省份的市场化程度在短期内较少发生变化，本书借鉴现有相关文献（张健华和王鹏，2012；钱先航和曹春方，2013，等等）的做法，将所缺失的 2010—2012 年的市场化指数和金融市场化指数的数据也用 2009 年的数据作为替代。市场化程度与国有股占比的交互项（Market1×hold_state）用于考察市场化程度是否能够制衡国有股对城商行贷款行为的干预。计算方法为樊纲、王小鲁和朱恒鹏（2011）编制的市场化指数（Market1）乘以国有股占比（Hold_state）。在稳健性检验中，本书用金融市场化指数（Market2）乘以国有股占比（Hold_state）所得的交互项（Market2×hold_state）衡量市场化程度对国有股的制衡效果。其他变量定义如前，此不赘述。

5.4.3 实证分析

本部分主要通过实证分析，考察市场化程度对国有股股东干预城商行信贷行为的制衡作用。

（1）贷款规模。表5-6显示了市场化程度对国有股制衡效果（贷款规模）的回归结果。从表5-6可以看出，各回归方程的P值均为0.000 0，F值较大，表明模型整体显著；各回归方程的 Adj R^2 较高，表明模型有较好的拟合性。衡量市场化程度对国有股股东增加城商行贷款规模行为制衡效果的交互项 Market1×hold_state 和 Market2×hold_state 均与城商行贷款规模呈现显著的负相关关系。这表明，市场化程度能够有效制约国有股股东增加城商行贷款规模的行为。上述实证结果验证了假设7，即在其他条件不变的情况下，市场化程度越高，国有股股东扩大城商行贷款规模的行为越会受到抑制。

表 5-6　市场化程度对国有股制衡效果（贷款规模）的回归结果

变量	因变量 Loan_asset	因变量 Loan_save	因变量 Loan_aseet	因变量 Loan_save
Market1×hold_state	−0.023 2* (−1.70)	−0.028 9** (−2.01)		
Market1	0.018 7*** (5.17)	0.021 5*** (6.08)		
Market2×hold_state			−0.024 9* （1.68）	−0.036 0* （1.97）
Market2			0.024 3*** (5.58)	0.032 1*** (6.31)
Hold_state	0.313 2** (2.36)	0.337 2** (2.56)	0.365 9** (2.25)	0.476 1** (2.41)
LnGDP	−0.007 4 (−1.08)	−0.000 5 (−0.06)	−0.002 4 (−0.40)	0.004 2 (0.55)

表5-6(续)

变量	因变量 Loan_asset	因变量 Loan_save	因变量 Loan_aseet	因变量 Loan_save
D_branch	0.009 4 (0.67)	0.013 2 (0.89)	0.009 0 (0.76)	0.016 1 (1.13)
Hold_1	−0.002 1*** (−7.00)	−0.002 4*** (−4.31)	−0.001 9*** (−6.55)	−0.002 3*** (−4.28)
Stateown	−0.003 7 (−0.24)	0.005 0 (0.33)	−0.008 0 (−0.58)	0.003 1 (0.21)
Foreign	0.049 2*** (3.17)	0.038 0** (2.24)	0.032 8** (2.17)	0.025 0 (1.41)
CAR	−0.345 6*** (−3.46)	−0.206 9* (−1.83)	−0.352 7*** (−4.34)	−0.247 6** (−2.16)
LnAsset	−0.027 4*** (−4.74)	−0.012 4** (−2.01)	−0.025 5*** (−4.74)	−0.013 7** (−2.30)
常数项	0.897 3*** (11.11)	0.693 4*** (8.48)	0.750 5*** (9.01)	0.548 9*** (5.63)
Year	控制	控制	控制	控制
Adj R^2	0.448 6	0.291 8	0.434 9	0.312 2
P	0.000 0	0.000 0	0.000 0	0.000 0
F	25.01	15.52	28.10	16.81
N	398	398	398	398

注：①表格内的数据上面表示估计系数，下面括号内数字表示 t 值。表中显示的 t 值均是经过 Robust standard error 修正后的 t 统计量。②***、**、*分别表示 0.01、0.05、0.1 的显著性水平。

（2）贷款期限结构。表5-7 显示了市场化程度对国有股制衡效果（贷款期限结构）的回归结果。从表5-7 可以看出，各回归方程的 P 值均为 0.000 0，F 值较大，表明模型整体显著；各回归方程的 Adj R^2 较高，表明模型有较好的拟合性。从短期贷款比例（Loan_short）来看，衡量市场化程度的市场化指数（Market1）和金融市场化指数（Market2）均与短期贷款比例（Loan_short）显著正相关，表明市场化程度较高的地区，城商行更倾向于增加短期贷款比例。但是，衡量市场化程度对国有股股东干预城商行贷款期限结构行为制衡效果的交互项 Market1×hold_state 和 Market2×hold_state 均未与短期贷款比例（Loan_short）呈现显著的相关关系。这表明，市场化程度并不能有效制约国有股股东减少城商行短期贷款比例的行为。这一实证结果拒绝了假设 8，即在其他条件不变的情况下，市场化程度越高，国有股股东减少城商行短期贷款比例的行为越会受到抑制。从中长期贷款比例（Loan_long）来看，衡量市场化程度的市场化指数（Market1）和金融市场化指数（Market2）均与中长期贷款比例（Loan_short）显著负相关，表明市场化程度较高的地区，城商行更倾向于减少中长期贷款比例。但是，衡量市场化程度对国有股股东干预城商行贷款期限结构的交互项 Market1×hold_state 和 Market2×hold_state 均未与中长期贷款比例（Loan_long）呈现显著的相关关系。这表明，市场化程度并不能有效制约国有股股东增加城商行中长期贷款比例的行为。这一实证结果拒绝了假设 9，即在其他条件不变的情况下，市场化程度越高，国有股股东增加城商行中长期贷款比例的行为越会受到抑制。上述实证结果表明，市场化程度并不能有效制约国有股股东城商行贷款期限结构的干预行为。

表 5-7　市场化程度对国有股制衡效果（贷款期限结构）的回归结果

变量	因变量 Loan_short	因变量 Loan_long	因变量 Loan_short	因变量 Loan_long
Market1×hold_state	0.001 2 (1.34)	−0.000 5 (−1.10)		
Market1	0.055 4 *** (4.22)	−0.067 0 *** (−6.85)		
Market2×hold_state			0.000 7 (0.94)	0.000 0 (0.04)
Market2			0.039 7 ** (2.44)	−0.058 9 *** (−4.24)
Hold_state	−0.290 4 ** (−2.01)	0.133 9 (1.13)	−0.329 4 ** (−2.17)	0.121 9 (1.03)

表5-7(续)

变量	因变量 Loan_short	因变量 Loan_long	因变量 Loan_short	因变量 Loan_long
LnGDP	−0.043 2* (−1.67)	0.035 5 (1.64)	−0.025 1 (−0.91)	0.009 7 (0.39)
D_branch	−0.050 2 (−0.69)	0.170 7*** (3.40)	0.019 8 (0.29)	0.113 7** (2.05)
Hold_1	0.005 6** (2.24)	−0.005 7*** (−3.21)	0.005 1** (2.07)	−0.005 1*** (−2.90)
Stateown	−0.098 2 (−1.46)	0.233 5*** (5.71)	−0.124 3* (−1.86)	0.257 5*** (5.58)
Foreign	0.077 8 (1.10)	0.150 7*** (3.40)	0.060 2 (0.84)	0.193 1*** (3.94)
CAR	−0.306 7 (−1.25)	0.372 4 (1.49)	−0.354 7 (−1.41)	0.543 7** (2.03)
LnAsset	−0.075 1*** (−3.24)	0.024 2 (0.97)	−0.077 1*** (−3.06)	0.019 3 (0.63)
常数项	1.527 2*** (4.78)	0.088 4 (0.30)	1.545 7*** (3.99)	0.296 3 (0.72)
Year	控制	控制	控制	控制
Adj R²	0.452 7	0.456 2	0.389 0	0.365 0
P	0.000 0	0.000 0	0.000 0	0.000 0
F	13.90	20.54	14.34	16.11
N	137	147	137	147

注:①表格内的数据上面表示估计系数,下面括号内数字表示 t 值。表中显示的 t 值均是经过 Robust standard error 修正后的 t 统计量。②***、**、* 分别表示 0.01、0.05、0.1 的显著性水平。

(3) 贷款行业分布。表5-8 显示了市场化程度对国有股制衡效果（贷款行业分布：制造业和批发零售业）的回归结果。从表5-8 可以看出，各回归方程的 P 值均为 0.000 0，F 值较大，表明模型整体显著；各回归方程的 Adj R² 较高，表明模型有较好的拟合性。从制造业贷款比例（Loan_manu）来看，衡量市场化程度的市场化指数（Market1）和金融市场化指数（Market2）均与制造业贷款比例（Loan_manu）显著正相关，表明市场化程度较高的地区，城商行更倾向于增加制造业贷款比例；国有股比例（Hold_state）与制造业贷款比例（Loan_manu）显著负相关，表明国有股股东会倾向于减少城商行制造业贷款比例；衡量市场化程度对国有股股东干预城商行贷款行为制衡效果的交互项 Market1×hold_state 和 Market2×hold_state均与制造业贷款比例（Loan_manu）呈现显著的正相关关系，表明市场化程度能够有效制约国有股股东减少城商行制造业贷款比例的行为。这一结论验证了假设10中关于制造业贷款比例的部分，即在其他条件不变的情况下，市场化程度越高，国有股股东减少城商行制造业贷款比例的行为越会受到抑制。从批发零售业贷款比例（Loan_sale）来看，国有股比例（Hold_state）与制造业贷款比例（Loan_sale）显著负相关，表明国有股股东会倾向于减少城商行批发零售业贷款比例。衡量市场化程度的市场化指数（Market1）和金融市场化指数（Market2）均未与批发零售业贷款比例（Loan_sale）存在显著的相关关系。这表明，市场化程度并不会显著影响城商行的批发零售业贷款比例。衡量市场化程度对国有股股东干预城商行贷款行业分布行为制衡效果的交互项 Market1×hold_state 和 Market2×hold_state 均未与城商行批发零售业贷款比例（Loan_sale）呈现显著的相关关系。这一结果与前文的实证结果相吻合，表明市场化程度不能有效制约国有股股东减少城商行批发零售业贷款比例的行为。这一实证结论拒绝了假设10中关于批发零售业贷款比例的部分，即在其他条件不变的情况下，市场化程度越高，国有股股东减少城商行批发零售业贷款比例的行为越会受到抑制。上述结果表明，市场化程度能够有效制约国有股股东减少城商行制造业贷款比例的行为，但是无法有效制约国有股股东减少城商行批发零售业贷款比例的行为。

表 5-8　市场化程度对国有股制衡效果

（贷款行业分布：制造业和批发零售业）的回归结果

变量	因变量 Loan_manu	因变量 Loan_sale	因变量 Loan_manu	因变量 Loan_sale
Market1×hold_state	0.001 2*** （4.08）	0.000 7 （1.25）		
Market1	0.038 8*** （13.08）	0.004 2 （1.58）		
Market2×hold_state			0.000 6** （2.43）	0.000 5 （1.26）
Market2			0.036 3*** （7.72）	0.003 4 （0.83）
Hold_state	−0.087 8** （−2.26）	−0.101 2*** （−3.34）	−0.058 8* （−1.66）	−0.097 1*** （−3.22）
LnGDP	−0.008 8 （−1.01）	−0.008 3 （−1.06）	0.003 5 （0.39）	−0.006 1 （−0.79）
D_branch	−0.067 5*** （−4.33）	−0.047 2*** （−3.25）	−0.053 3*** （−3.43）	−0.045 6*** （−3.06）
Hold_1	−0.000 6 （−0.86）	−0.000 9*** （−3.11）	−0.000 1 （−0.14）	−0.000 9*** （−3.15）
Stateown	−0.017 9 （−1.04）	−0.035 0** （−2.32）	−0.042 8** （−2.40）	−0.039 8** （−2.61）
Foreign	−0.062 4*** （−2.90）	−0.018 9 （−0.91）	−0.085 8*** （−3.88）	−0.023 8 （−1.14）
CAR	−0.623 7*** （−3.01）	−0.050 1 （−0.21）	−1.230 0*** （−5.73）	−0.084 1 （−0.36）
LnAsset	−0.035 0*** （−4.40）	0.007 6 （1.03）	−0.039 2*** （−4.97）	0.006 6 （0.89）
常数项	0.653 6*** （5.82）	0.130 0 （1.33）	0.666 1*** （5.35）	0.137 6 （1.24）
Year	控制	控制	控制	控制
Adj R^2	0.544 9	0.181 5	0.469 1	0.177 9
P	0.000 0	0.000 0	0.000 0	0.000 0
F	30.52	5.06	22.47	4.58

表5-8(续)

变量	因变量 Loan_manu	因变量 Loan_sale	因变量 Loan_manu	因变量 Loan_sale
N	313	315	313	315

注:①表格内的数据上面表示估计系数,下面括号内数字表示 t 值。表中显示的 t 值均是经过 Robust standard error 修正后的 t 统计量。②***、**、*分别表示 0.01、0.05、0.1 的显著性水平。

表 5-9 显示了市场化程度对国有股制衡效果(贷款行业分布:房地产业和建筑业)的回归结果。从表 5-9 可以看出,各回归方程的 P 值均为 0.000 0,F 值较大,表明模型整体显著;各回归方程的 Adj R^2 较高,表明模型有较好的拟合性。从房地产业贷款比例(Loan_estate)来看,衡量市场化程度的市场化指数(Market1)和金融市场化指数(Market2)均与房地产业贷款比例(Loan_estate)显著负相关,表明市场化程度较高的地区,城商行更倾向于减少房地产业贷款比例;衡量市场化程度对国有股股东干预城商行贷款行业分布行为制衡效果的交互项 Market1×hold_state 和 Market2×hold_state 均与房地产业贷款比例(Loan_estate)呈现显著的负相关关系,表明市场化程度能够有效制约国有股股东增加城商行房地产业贷款比例的行为。这一实证结果支持了假设 11 中关于房地产业贷款比例的部分,即在其他条件不变的情况下,市场化程度越高,国有股股东增加城商行房地产业的行为越会受到抑制。从建筑业贷款比例(Loan_build)来看,衡量市场化程度对国有股股东干预城商行贷款行业分布行为制衡效果的交互项 Market1×hold_state 和 Market2×hold_state 均未与建筑业贷款比例(Loan_build)呈现显著的相关关系。这表明,市场化程度并未有效制约国有股股东增加城商行建筑业贷款比例的行为。这一结果拒绝了假设 11 中关于建筑业贷款比例的部分,即在其他条件不变的情况下,市场化程度越高,国有股股东增加城商行建筑业贷款比例的行为越会受到抑制。上述结果表明,市场化程度能够有效制约国有股股东增加城商行房地产业贷款比例的行为,但是无法有效制约国有股股东增加城商行建筑业贷款比例的行为。

表 5-9　市场化程度对国有股制衡效果

（贷款行业分布：房地产业和建筑业）的回归结果

变量	因变量 Loan_estate	因变量 Loan_build	因变量 Loan_estate	因变量 Loan_build
Market1×hold_state	−0.000 3* (−1.78)	−0.000 5 (−0.06)		
Market1	−0.007 2*** (−4.76)	0.001 5 (0.75)		
Market2×hold_state			−0.000 3* (−1.69)	0.001 3 (0.15)
Market2			−0.006 1** (−2.14)	0.002 1 (0.72)
Hold_state	0.001 9 (0.09)	−0.015 8 (−0.26)	−0.009 2 (−0.42)	−0.033 0 (−0.39)
LnGDP	0.015 2*** (3.52)	0.001 4 (0.41)	0.012 4** (2.58)	0.001 7 (0.50)
D_branch	0.026 2*** (3.17)	0.004 6 (0.88)	0.027 9*** (2.80)	0.004 6 (0.91)
Hold_1	−0.000 1 (−0.24)	0.000 0 (0.35)	−0.000 1 (−0.32)	0.000 1 (0.43)
Stateown	0.007 5 (0.82)	0.009 6 (1.45)	0.021 2* (1.92)	0.009 0 (1.38)
Foreign	−0.002 2 (−0.19)	0.008 3 (0.96)	0.014 4 (0.89)	0.007 2 (0.82)
CAR	0.327 4** (2.04)	−0.110 0 (−1.09)	0.314 8** (2.21)	−0.120 5 (−1.24)
LnAsset	0.005 3 (1.39)	0.003 3 (1.24)	0.006 9 (1.64)	0.003 3 (1.24)
常数项	−0.104 0* (−1.75)	−0.020 9 (−0.47)	−0.112 6 (−1.55)	−0.028 7 (−0.54)
Year	控制	控制	控制	控制
Adj R²	0.242 2	0.125 5	0.200 4	0.127 5
P	0.000 0	0.000 0	0.000 0	0.000 0
F	8.01	3.55	5.21	3.60

表5-9(续)

变量	因变量 Loan_estate	因变量 Loan_build	因变量 Loan_estate	因变量 Loan_build
N	309	309	309	309

注：①表格内的数据上面表示估计系数，下面括号内数字表示 t 值。表中显示的 t 值均是经过 Robust standard error 修正后的 t 统计量。② ***、**、* 分别表示 0.01、0.05、0.1 的显著性水平。

（4）贷款集中度。表 5-10 显示了市场化程度对国有股制衡效果（贷款集中度）的回归结果。从表 5-10 可以看出，各回归方程的 P 值均为 0.000 0，F 值较大，表明模型整体显著；各回归方程的 Adj R^2 较高，表明模型有较好的拟合性。国有股比例（Hold_state）与贷款集中度（Loan_big）显著正相关，表明国有股股东会提高城商行贷款集中度；衡量市场化程度的市场化指数（Market1）和金融市场化指数（Market2）均与贷款集中度（Loan_big）显著负相关，表明市场化程度较高的地区，城商行贷款集中度更低；衡量市场化程度对国有股股东干预城商行贷款集中度行为制衡效果的交互项 Market1×hold_state 和 Market2×hold_state 均与贷款集中度（Loan_big）呈现显著的负相关关系，表明市场化程度能够有效制约国有股股东提高城商行贷款集中度的行为。这一实证结果支持了假设 12，即在其他条件不变的情况下，市场化程度越高，国有股股东提高城商行贷款集中度的行为越会受到抑制。

表 5-10　市场化程度对国有股制衡效果（贷款集中度）的回归结果

变量	回归系数	T 值	回归系数	T 值
Market1×hold_state	−0. 117 7 ***	−2. 75		
Market1	−0. 017 4 *	−1. 94		
Market2×hold_state			−0. 103 8 **	−2. 27
Market2			−0. 021 6	−1. 55
Hold_state	1. 091 3 ***	2. 83	1. 351 7 **	2. 36
LnGDP	0. 005 9	0. 28	−0. 017 5	−0. 83

表5-10(续)

变量	回归系数	T值	回归系数	T值
D_branch	−0.040 0	−1.32	−0.051 1*	−1.66
Hold_1	0.002 3**	2.38	0.002 8**	2.60
Stateown	−0.035 9	−0.92	−0.041 2	−1.03
Foreign	0.045 0	0.74	0.043 5	0.72
CAR	−1.204 7***	−3.28	−1.024 4***	−2.83
LnAsset	−0.026 1	−1.62	−0.011 2	−0.65
Loan_save	0.100 0	0.90	0.084 0	0.70
常数项	0.941 2***	3.62	0.916 9***	2.85
Year	控 制		控 制	
Adj R^2	0.452 8		0.431 9	
P	0.000 0		0.000 0	
F	9.16		7.67	
N	366		366	

注：①表格内的数据上面表示估计系数，下面括号内数字表示 t 值。表中显示的 t 值均是经过 Robust standard error 修正后的 t 统计量。②***、**、*分别表示 0.01、0.05、0.1 的显著性水平。

5.5　地方政府持股、治理机制与城商行信用风险

5.5.1　研究假设

上文证明了内部治理机制和外部治理机制对国有股股东干涉城商行行为的制约作用，本部分主要检验上述制约效果是否降低了国有股股东干涉行为带来的信用风险。本部分提出假设 13 和假设 14 检验上述治理机制的效果。

假设 13：在其他条件不变的情况下，股权分散度越高，国有股比例对城商行信用风险的影响越小。

假设 14：在其他条件不变的情况下，市场化程度越高，国有股比例对城商行信用风险的影响越小。

5.5.2 实证分析

本部分考察城商行的内部治理和外部治理机制能否有效抑制地方政府持股而提升的信用风险。借鉴现有文献（曹廷求，2006；Jia，2009；Foos 等，2010；Barry 等，2011；Bhaumik，2011；张健华和王鹏，2012，等等）的做法，本部分设定以下模型考察股权分散度对国有股股东的制衡效果：

$$\text{Risk}_{it} = \alpha_{it} + \beta_1 \text{HHI}_{it} \times \text{Hold\_state}_{it} + \beta_2 \text{Hold\_state}_{it} + \beta_3 \text{HHI}_{it} +$$

$$\beta_4 \text{LnGDP}_{it} + \beta_5 \text{D\_branch}_{it} + \beta_6 \text{Stateown}_{it} + \beta_7 \text{Foreign}_{it} +$$

$$\beta_8 \text{CAR}_{it} + \beta_9 \text{LnAsset}_{it} + \beta_{11} \text{Loan\_save}_{it} + \sum \text{Year}_{it} + \varepsilon_{it} \quad (5\text{-}3)$$

其中，在贷款风险（Risk）方面，本书选取当期不良贷款率（Badloan）和当期拨备覆盖率（Cover）作为银行信用风险的衡量指标。考虑到当期银行的信贷行为造成的结果可能具有滞后性，即当年的信贷行为可能在下一年度才会对银行信用风险产生影响，因此在稳健性测试中，本书选取下一年度的不良贷款率（F_Badloan）和下一年度的拨备覆盖率（F_cover）作为银行信用风险的衡量指标，对实证结果进行检验。在内部治理方面，本书选择股权分散度进行考察。股权分散度与国有股占比的交互项（HHI×hold_state）用于考察股权分散度是否能够制衡国有股对城商行信用风险的影响。计算方法为赫芬达指数（HHI）乘以国有股占比（Hold_state）。为保证实证结果的稳健性，在稳健性检验中，本书还用前十大股东持股比例之和（H10）乘以国有股占比（Hold_state）所得的交互项（H10×hold_state）衡量股权分散度对国有股的制衡效果。在外部治理方面，本书选择市场化程度进行考察。本部分引入市场化程度与国有股占比的交互项（Market1×hold_state）用于考察市场化程度是否能够制衡国有股对城商行贷款行为的干预。计算方法为樊纲、王小鲁的朱恒鹏（2011）编制的市场化指数（Market1）乘以国有股占比（Hold_state）。在稳健性检验中，本书还用金融市场化指数（Market2）乘以国有股占比（Hold_state）

所得的交互项（Market2×hold_state）衡量市场化程度对国有股的制衡效果。其他变量定义如前，此不赘述。

表5-11显示了股权分散度对国有股制衡效果（信用风险）的回归结果。从表5-11可以看出，各回归方程的P值均为0.000 0，F值较大，表明模型整体显著；各回归方程的Adj R² 较高，表明模型有较好的拟合性。国有股比例（Hold_state）与衡量城商行信用风险的本期不良贷款率（Bad-loan）和下一期不良贷款率（F_badloan）均呈现显著的正相关关系，而与本期拨备覆盖率（cover）呈现显著的负相关关系。这表明，国有股持股比例越高，城商行信用风险越高，国有股股东确实会增加城商行信用风险。股权分散度（HHI）与本期拨备覆盖率（cover）和下一期拨备覆盖率（F_cover）显著负相关，表明股权分散度越高，城商行信用风险越低。因此，总体来说，内部治理能够降低城商行信用风险。然而，股权分散度（HHI）与本期不良贷款率（Badloan）和下一期不良贷款率（F_badloan）未呈现显著的相关关系，表明这一实证结果尚需要进一步检验。衡量股权分散度对国有股增加城商行信用风险行为制约效果的交互项（HHI×hold_state）与衡量信用风险的本期不良贷款率（Badloan）和下一期不良贷款率（F_badloan）均呈现显著的正相关关系，而与本期拨备覆盖率（cover）和下一期拨备覆盖率（F_cover）均呈现显著的负相关关系。这表明，股权分散度确实能够有效制约国有股股东带来的城商行信用风险增高行为。这一实证结果验证了假设13，即在其他条件不变的情况下，股权分散度越高，国有股比例对城商行信用风险的影响越小。

表5-11 股权分散度对国有股制衡效果（信用风险）的回归结果

变量	因变量 Badloan	因变量 F_badloan	因变量 Cover	因变量 F_cover
HHI×hold_state	0.001 5*** (3.56)	0.001 1*** (4.21)	−0.188 7*** (−3.92)	−2.670 5** (−2.41)

表5-11(续)

变量	因变量 Badloan	因变量 F_badloan	因变量 Cover	因变量 F_cover
HHI	−0.003 5 (−0.76)	−0.004 6 (−1.26)	2.741 1*** (3.49)	12.875 6*** (2.95)
Hold_state	0.006 8** (2.34)	0.005 3** (2.04)	−1.047 8** (−1.99)	−1.833 3 (−1.58)
LnGDP	−0.000 8 (−1.21)	−0.000 7 (−1.22)	−0.042 2 (−0.40)	−0.301 1 (−1.06)
D_branch	0.000 2 (0.12)	0.000 0 (0.02)	−0.058 4 (−0.37)	−0.007 8 (−0.03)
Stateown	0.002 7* (1.68)	0.001 5 (1.22)	0.386 8** (2.10)	0.210 0 (0.37)
Foreign	0.003 0 (1.24)	0.002 9 (1.46)	0.162 6 (0.75)	−0.110 0 (−0.23)
CAR	−0.045 5*** (−3.63)	−0.027 2*** (−2.84)	3.936 4** (1.99)	5.417 5 (1.09)
LnAsset	−0.000 6 (−1.03)	−0.000 1 (−0.26)	−0.056 6 (−0.58)	−0.105 4 (−0.39)
Loan_save	−0.005 6 (−1.37)	−0.001 9 (−0.55)	0.585 8 (0.97)	−1.610 3 (−0.87)
常数项	0.044 1*** (5.02)	0.028 6*** (4.03)	1.252 9 (1.05)	4.930 3 (1.65)
Year	控制	控制	控制	控制
Adj R²	0.412 9	0.389 9	0.519 3	0.293 1
P	0.000 0	0.000 0	0.000 0	0.000 0
F	26.79	51.60	29.60	9.60
N	395	310	345	276

注:①表格内的数据上面表示估计系数,下面括号内数字表示 t 值。表中显示的 t 值均是经过 Robust standard error 修正后的 t 统计量。②***、**、*分别表示 0.01、0.05、0.1 的显著性水平。

借鉴现有文献(曹廷求,2006;Jia,2009;Foos 等,2010;Barry 等,2011;Bhaumik,2011;张健华和王鹏,2012,等等)的做法,本部分设定以下模型考察市场化程度对国有股股东的制衡效果:

$$Risk_{it} = \alpha_{it} + \beta_1 Market_{it} \times Hold\_state_{it} + \beta_2 Hold\_state_{it} + \beta_3 Market_{it} +$$

$$\beta_4 LnGDP_{it} + \beta_5 D\_branch_{it} + \beta_6 Hold\_1_{it} + \beta_7 Stateown_{it} +$$

$$\beta_8 Foreign_{it} + \beta_9 CAR_{it} + \beta_{10} LnAsset_{it} + \beta_{11} Loan\_save_{it} +$$

$$\sum Year_{it} + \varepsilon_{it} \tag{5-4}$$

其中，在外部治理方面，本书选择市场化程度进行考察。本部分引入市场化程度与国有股占比的交互项（Market1×hold_state），用于考察市场化程度是否能够制衡国有股对城商行贷款行为的干预。计算方法为樊纲、王小鲁和朱恒鹏（2011）编制的市场化指数（Market1）乘以国有股占比（Hold_state）。在稳健性检验中，本书用金融市场化指数（Market2）乘以国有股占比（Hold_state）所得的交互项（Market2×hold_state）衡量市场化程度对国有股的制衡效果。其他变量定义如前，此不赘述。

表5-12显示了市场化程度对国有股制衡效果（信用风险）的回归结果。从表5-12可以看出，各回归方程的P值均为0.000 0，F值较大，表明模型整体显著；各回归方程的Adj R^2较高，表明模型有较好的拟合性。国有股比例（Hold_state）与衡量城商行信用风险的本期不良贷款率（Badloan）和下一期不良贷款率（F badloan）均呈现显著的正相关关系，而与拨备覆盖率（cover）呈现显著的负相关关系。这表明，国有股持股比例越高，城商行信用风险越高，国有股股东确实会增加城商行信用风险。市场化程度（Market1）与本期不良贷款率（Badloan）和下一期不良贷款率（F_badloan）均呈现显著的负相关关系，表明市场化程度越高的地区，当地城商行信用风险越小。因此，总体来说，外部治理能够降低城商行信用风险。衡量市场化程度对国有股股东增加城商行信用风险行为制约效果的交互项（Market1×hold_state）与衡量信用风险的本期不良贷款率（Badloan）和下一期不良贷款率（F_badloan）均呈现显著的负相关关系，而与本期拨备覆盖率（cover）和下一期拨备覆盖率（F_cover）均呈现显著的正相关关系。这表明，市场化程度确实能够有效制约国有股股东增加

城商行信用风险的行为。这一实证结果验证了假设 14，即在其他条件不变的情况下，市场化程度越高，国有股比例对城商行信用风险的影响越小。

表 5-12　市场化程度对国有股制衡效果（信用风险）的回归结果

变量	因变量 Badloan	因变量 F_badloan	因变量 cover	因变量 F_cover
Market1×hold_state	−0.000 8 * （−1.91）	−0.000 4 （−1.62）	1.346 4 ** （2.58）	1.551 1 ** （2.52）
Market1	−0.000 7 *** （−3.46）	−0.000 4 ** （−2.12）	−0.188 9 （−1.53）	−0.254 5 （−1.63）
Hold_state	0.015 0 *** （2.93）	0.011 1 *** （2.95）	−13.252 5 *** （−2.73）	−15.507 4 *** （−2.67）
LnGDP	−0.000 0 （−0.02）	−0.000 3 （−0.69）	−0.443 0 * （−1.75）	−0.435 8 （−1.49）
D_branch	0.000 6 （0.62）	0.000 2 （0.21）	−0.015 9 （−0.06）	0.243 1 （0.78）
Hold_1	0.000 0 （0.06）	−0.000 0 （−0.66）	0.048 8 *** （3.11）	0.056 9 *** （2.74）
Stateown	0.000 9 （0.73）	0.000 3 （0.31）	−0.065 1 （−0.17）	0.064 4 （0.14）
Foreign	0.001 2 （0.72）	0.001 4 （0.93）	−0.442 7 （−1.21）	−0.535 0 （−1.20）
CAR	−0.035 3 *** （−3.52）	−0.038 2 ** （−2.51）	8.610 2 * （1.82）	4.419 0 （1.00）
LnAsset	−0.000 6 （−1.16）	0.000 0 （0.06）	0.123 9 （0.57）	−0.160 2 （−0.61）
Loan_save	0.000 9 （0.26）	0.000 6 （0.20）	−0.738 9 （−0.65）	0.153 5 （0.09）
常数项	0.034 7 *** （4.94）	0.024 7 *** （3.64）	3.280 8 （1.41）	7.879 0 *** （2.72）
Year	控制	控制	控制	控制
Adj R^2	0.449 5	0.368 5	0.401 1	0.364 0
P	0.000 0	0.000 0	0.000 0	0.000 0
F	21.31	11.70	12.10	9.05

表5-12(续)

变量	因变量 Badloan	因变量 F_badloan	因变量 cover	因变量 F_cover
N	397	311	346	276

注：①表格内的数据上面表示估计系数，下面括号内数字表示 t 值。表中显示的 t 值均是经过 Robust standard error 修正后的 t 统计量。②***、**、* 分别表示 0.01、0.05、0.1 的显著性水平。

5.5.3 稳健性检验

本部分首先用前十大股东持股比例之和（H10）乘以国有股占比（Hold_state）所得的交互项（H10×hold_state）衡量股权分散度对国有股的制衡效果，检验上文在信用风险方面，股权分散度对国有股制衡效果的实证结果的稳健性，表 5-13 显示了股权分散度对国有股制衡效果的稳健性检验（信用风险）。可以看出，衡量股权分散度对国有股增加城商行信用风险行为制约效果的交互项（H10×hold_state）与衡量信用风险的下一期不良贷款率（F_badloan）呈现显著的正相关关系，而与本期拨备覆盖率（cover）呈现显著的负相关关系。这表明，股权分散度确实能够有效制约国有股股东带来的城商行信用风险增高行为。这一实证结果与上文一致。

表 5-13 股权分散度对国有股制衡效果的稳健性检验（信用风险）

变量	因变量 Badloan	因变量 F_badloan	因变量 cover	因变量 F_cover
H10×hold_state	0.000 0 (0.92)	0.000 0* (1.83)	−0.000 3** (−2.52)	−0.010 4 (−1.47)
H10	−0.000 1** (−2.42)	−0.000 1*** (−2.98)	0.010 8*** (3.31)	0.031 9*** (2.71)
Hold_state	0.007 2** (2.41)	0.006 8*** (2.73)	−0.850 2* (−1.91)	−0.939 6 (−0.71)
LnGDP	−0.000 7 (1.01)	−0.000 4 (−0.79)	−0.091 1 (−1.07)	−0.308 2 (−1.05)
D_branch	0.000 2 (0.14)	−0.000 1 (−0.11)	−0.143 1 (−1.07)	−0.034 8 (−0.12)

表5-13(续)

变量	因变量 Badloan	因变量 F_badloan	因变量 cover	因变量 F_cover
Stateown	0.002 8* (1.83)	0.001 0 (0.94)	0.225 0 (1.47)	0.187 7 (0.32)
Foreign	0.003 3 (1.36)	0.002 1 (1.40)	0.065 6 (0.33)	−0.168 9 (−0.36)
CAR	−0.046 3*** (−3.70)	−0.019 6*** (−2.99)	3.422 1** (2.10)	5.863 0 (1.20)
LnAsset	−0.001 0 (−1.60)	−0.000 3 (−0.71)	0.076 1 (0.92)	−0.017 4 (−0.06)
Loan_save	−0.006 8 (−1.64)	−0.002 8 (−1.02)	0.391 6 (0.81)	−2.477 1 (−1.24)
常数项	0.053 5*** (5.22)	0.029 6*** (4.52)	−0.468 2 (−0.42)	3.023 9 (0.93)
Year	控制	控制	控制	控制
Adj R^2	0.418 0	0.377 6	0.545 7	0.271 0
P	0.000 0	0.000 0	0.000 0	0.000 0
F	16.76	14.96	38.39	10.59
N	395	310	345	276

注：①表格内的数据上面表示估计系数，下面括号内数字表示t值。表中显示的t值均是经过Robust standard error 修正后的t统计量。②***、**、*分别表示0.01、0.05、0.1的显著性水平。

本书用金融市场化指数（Market2）乘以国有股占比（Hold_state）所得的交互项（Market2×hold_state）衡量市场化程度对国有股的制衡效果。检验上文在信用风险方面，市场化程度对国有股制衡效果的实证结果的稳健性。表5-14显示了市场化程度对国有股制衡效果的稳健性检验（信用风险）。可以看出，衡量市场化程度对国有股增加城商行信用风险行为制约效果的交互项（Market2×hold_state）与衡量信用风险本期不良贷款率（badloan）和下一期不良贷款率（F_badloan）均呈现显著的负相关关系，而与本期拨备覆盖率（cover）和下一期拨备覆盖率（F_cover）均呈现显著的正相关关系。这表明，市场化程度确实能够有效制约国有股股东带来的城商行信用风险增高行为，这一实证结果与上文一致。

表 5-14　市场化程度对国有股制衡效果的稳健性检验（信用风险）

变量	因变量 Badloan	因变量 F_badloan	因变量 cover	因变量 F_cover
Market2×hold_state	-0.001 0 ** （-2.43）	-0.000 5 * （-1.84）	1.573 9 ** （2.29）	1.801 5 ** （2.20）
Market2	-0.000 8 *** （-2.96）	-0.000 3 （-1.20）	-0.303 1 * （-1.77）	-0.397 0 * （-1.78）
Hold_state	0.019 9 *** （3.22）	0.013 0 *** （2.93）	-18.202 8 ** （-2.39）	-21.071 3 ** （-2.30）
LnGDP	-0.000 3 （-0.60）	-0.000 5 （-1.08）	-0.397 6 （-1.59）	-0.406 7 （-1.36）
D_branch	0.000 4 （0.41）	0.000 0 （0.01）	-0.008 9 （-0.03）	0.252 8 （0.84）
Hold_1	0.000 0 （0.01）	-0.000 0 （-0.46）	0.050 2 *** （3.15）	0.058 7 *** （2.80）
Stateown	0.001 2 （0.94）	0.000 6 （0.59）	-0.105 7 （-0.25）	0.030 3 （0.06）
Foreign	0.001 7 （1.02）	0.001 8 （1.16）	-0.402 7 （-1.05）	-0.455 2 （-0.99）
CAR	-0.031 9 *** （3.13）	-0.034 6 ** （-2.26）	8.743 9 * （1.92）	4.726 6 （1.06）
LnAsset	-0.000 4 （-0.79）	0.000 1 （0.33）	0.133 2 （0.59）	-0.145 6 （-0.53）
Loan_save	0.001 3 （0.36）	0.000 4 （1.16）	-0.301 4 （-0.28）	0.775 8 （0.43）
常数项	0.035 9 *** （4.91）	0.023 0 *** （3.33）	4.033 4 （1.63）	8.885 8 *** （2.84）
Year	控制	控制	控制	控制
Adj R²	0.448 0	0.362 7	0.395 7	0.358 9
P	0.000 0	0.000 0	0.000 0	0.000 0
F	22.84	11.12	12.06	8.52
N	397	311	346	276

注：①表格内的数据上面表示估计系数，下面括号内数字表示 t 值。表中显示的 t 值均是经过 Robust standard error 修正后的 t 统计量。②*** 、** 、* 分别表示 0.01、0.05、0.1 的显著性水平。

5.6 本章主要结论

本章根据 2007—2012 年我国城商行的数据，研究了以股权分散度为代表的内部机制和以市场化程度为代表的外部治理机制能否有效制衡国有股股东对城商行信贷行为的干涉行为。具体而言，本章首先分别从贷款规模、贷款期限结构、贷款行业分布和贷款集中度四个维度研究了股权分散度对国有股股东干涉行为的制衡效果。其次，本章分别从上述四个维度研究了市场化程度对国有股股东干涉行为的制衡效果。最后，本章就内部治理机制和外部治理机制对城商行信用风险降低的作用进行了考察。研究发现，在内部治理方面，在其他条件不变的情况下，股权分散度并不能缓解国有股股东干预造成的城商行贷款规模的上升以及国有股股东对城商行贷款行业分布的干涉行为。股权分散度较高的银行，国有股股东减少城商行短期贷款比例和增加中长期贷款比例的行为会受到有效抑制，国有股股东提高城商行贷款集中度的行为也得到有效缓解。在外部治理方面，在其他条件不变的情况下，市场化程度能够有效缓解国有股股东扩大城商行贷款规模的行为。市场化程度无法制衡国有股股东干涉城商行贷款期限结构的行为。在城商行的贷款行业分布方面，市场化程度较高的地区，国有股股东减少制造业贷款比例而增加房地产业贷款比例的行为得到了有效抑制，国有股股东提高城商行贷款集中度的行为也受到了制衡。综合来看，以股权分散为代表的内部治理机制和以市场化程度为代表的外部治理机制，在制衡国有股股东对城商行信贷行为的干涉上都起到了较好的效果，整体上降低了国有股股东干预造成的城商行信用风险的上升。

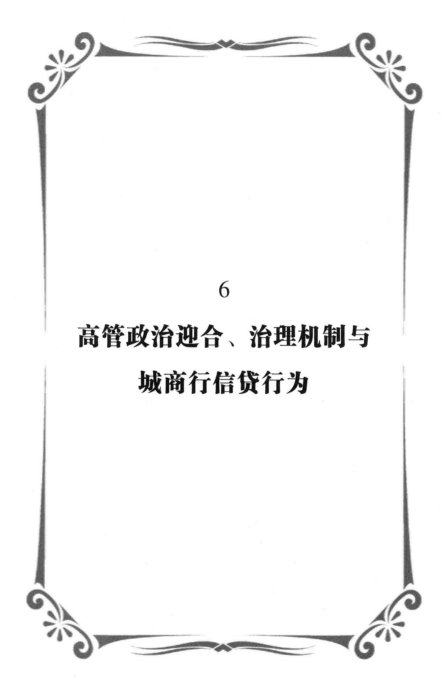

6

高管政治迎合、治理机制与

城商行信贷行为

上文的研究发现，由于城商行在当地政府融资中的重要地位，地方政府可能会通过入股的方式对城商行的信贷行为实施控制。本章主要考察地方政府在用人方面对城商行信贷行为的影响，研究城商行的高管是否为了其自身的利益而配合地方政府的控制行为。

6.1　引言

在相当长的一段时期内，我国实行的是以计划经济为主导的经济体制，诞生了大量的国有企业。这些企业主要由地方政府出资兴建，其管理者也由地方政府部门任命。政府相关部门依据其所管理企业的经营业绩对企业管理者进行考核，作为官员晋升的重要依据。在推行市场经济体制以后，地方政府更多地担任"守夜人"的角色，逐渐退出由市场经济能够解决问题的领域。然而，在一些关键性的且与银行经营息息相关的领域，如行政审批、土地征用和政策优惠等，地方政府官员仍然掌握着大量控制力。这些控制力的存在，使得包括银行在内的企业有动机通过迎合地方政府的需求而获得政治关联，从而获得地方政府所控制的关键性资源。作为资金供给方的银行更加成为地方政府重点关注的对象。为了方便对城商行进行控制，地方政府既有动机也有能力直接对城商行董事长进行任命。一方面，从动机上看，当国有银行垂直化管理以后，地方政府无法再通过直接干预当地的大型国有银行而获得资金，城商行成为地方政府融资的重要渠道。为了保证地方经济发展所需的资金支持，地方政府有动机通过任命城商行董事长而强化其对城商行的控制力。另一方面，从能力上看，地方政府往往是城商行的最大股东，因此从产权角度确认了其对城商行董事长的任命权力。再加上城商行的其他股东基本上也是当地的企业或地方政府部门，为了维持与地方政府的良好关系，一般不会对地方政府的董事长任命决定提出异议。出于上述原因，地方政府倾向于直接任命城商行的董事长，以更加方便将城商行作为地方政府的"第二财政"，灵活支取资金，以支持当地建设。然而，相比于中央政府，地方政府对与其建立政治关联的企业进行"资源掠夺"的可能性更大，如 Cheung 等（2008）将我国上市企业的政治关联划分为中央政府政治关联和地方政府政治关联后发现，拥有中央政府政治关联的企业更能够得到政治关联的好处，而拥有地方政府政治关联的企业的资源则更多地受到当地政府的转移，并且这种被转移的资源并没有用于地方政府支持当地建设。那么作为地方政府大量参股的城商行，其资源是否也受到了地方政府的侵占和挪用？由政府部门直接任命的董事长会完全迎合地方政府的资金需求还是会出于城商行的利益出发进行信贷决策？本章主要对上述问题进行研究。

6.2　理论分析与研究假设

现有文献主要集中讨论非金融类企业的政治关联对其经营活动的影响。Leuz 和 Oberholzer-Gee（2003）在研究了在弱监管环境下的政治关联企业的融资选择后发现，与其在全球市场中融资，政治关联程度较高的企业更倾向于通过国内的国有银行进行融资，因为国内的国有银行能够给予这些政治关联企业更低成本的资金。因此，对于有政治关联的企业来说，其或者致力于从全球市场上融资，或者强化其政治关系从而获得国内国有银行的低息贷款，两者具有替代效应。Leuz 和 Oberholzer-Gee 进一步考察了在 1997 年亚洲金融危机时，全球融资和国内融资的企业的经营效率后发现，进行全球融资的企业在金融危机期间获得了更高的投资回报。然而，与政府的政治关联较为紧密的企业在金融危机中更容易得到政府的救助。Dombrovsky（2008）对拉脱维亚 1996—2005 年的上市公司进行了研究后发现，政治关联对企业的影响后果取决于政治关联的类型，如果政治家以被任命为董事会成员的方式加入企业，则该企业在当年的销售额会下降大概40%，而在接下来的年份中，该企业的销售额会提升大概75%。因此，如果当企业陷入经营危机时，政治家的加入能够带来更多的政治优惠，从而帮助企业摆脱困境。Faccio（2007）在对全球 47 个国家和地区的企业进行研究后发现，拥有政治关联的企业倾向于保持更高的杠杆率，拥有更高的市场份额，然而这些企业的会计业绩却低于非政治关联的企业。当该国的企业破产率较高或企业与政府的政治关联较为密切时，上述政治关联企业与非政治关联企业的差别更明显。Nee 和 Opper（2007）利用世界银行 2003 年对全球 2 400 家企业的调查数据研究了政治关联的交易公司在全球市场的交易特征后发现，企业的政治关联资本是否有价值主要取决于该国是何种市场结构。如果该国是竞争型市场结构，那么无论是企业获得了政治关联还是政府支持，均不能显著提升该企业的竞争优势。在我国企业的经营过程中政治关联所起的作用与在市场经济国家基本一致。Wijantini（2007）选择 1997—2002 年印度尼西亚的企业作为样本研究后发现，拥有政治关联的企业陷入财务困境时的间接成本更低。Faccio 等（2006）研究了 35 个国家的 450 个有政治关联的公司后发现，当国际货币基金组织和世界银行对一国进行资金支持时，相比于一般企业，该国那些有政治关联的企业得到了更多的资金支持。Faccio 等进一步考察了获得资金支持两年内企业对资金的使用效率的情况，发现有政治关联的企业对所获得外部资金的使用效率较低。Faccio 等因此指出，政治关联已经影响了经济援助时的资本配置，那些拥有政治关联的企业获得更多的经济援助却没有有效使用这些资金。Chen 等（2004）对我国的上市公司的政治关联情况进行研究后发现，样本中 28% 的首席执行官（CEO）有政府官员背景，拥有政治关联的公司在上市后的三年内，经营业绩比同类型上市公司的平均值低 23%，这些拥有政府官员背景的 CEO 是上述企业业绩较低的重要原因。这些有政府官员背景的 CEO 更倾向于任命其他的政府官员担任公司的董事会成员，而不愿意任命更加具有专业知识的专业人士或少数股东的代表担任公司的董事会成员。是否由这些官员担任上市公司的 CEO 主要取决于当地的失业率和财政收支情况，而与上市公司本身的特征无关。基于上述分析，Chen

等得出结论：上市公司的政治关联整体上有利于当地政治目标的落实而有损于该上市公司的经营效率。Dinc（2005）通过比较相同类型但是不同所有权性质的银行在大选年的信贷行为后发现，在控制了宏观经济和银行特征等因素的影响之后，有政治关联的国有银行会在大选年显著扩大其信贷规模。Claessens 等（2006）创造性地使用巴西大选中政治关联银行的数据进行研究后发现，对 1998—2002 年竞选的优胜政党进行支持的企业获得了更好的市场回报。因此，从某种意义上说，是支持竞选的企业形成了政府日后的政策。为了避免公司个体特征对实证结果的影响，Claessens 等采用固定效应的回归方法后发现，与控制组相比，支持竞选优胜党的企业在大选年后获得了更多的银行贷款。因此，将企业拥有的政治关联进行变现的一条重要渠道就是给予政治关联企业更多的融资便利，而这些基于政治关联的交易行为增加了大概相当于当年 GDP 的 0.2% 的额外经济成本。Agrawal 和 Knoeber（2001）对不同行业具有政府背景的外部董事与企业的关系进行梳理后发现，在制造业企业中，涉及政府购买、出口的企业更倾向于聘用拥有政府背景的官员作为外部董事；环境监管较为严格的企业更倾向于聘用拥有律师资格的外部董事。Agrawal 和 Knoeber 进一步对 1990 年以后电力企业的样本进行了研究，发现当出现零售竞争时，企业更加倾向于聘用拥有政府背景的官员担任外部董事。尽管女性外部董事的数量越来越多，但并没有证据表明她们受聘用是出于政治关联考虑。对相关文献进行梳理后本书发现，绝大多数文献都是从资金需求方的角度来考察政治关联的价值和成本，而将资金供给方的银行作为企业折现其政治关联价值的重要中介来进行研究。实际上，银行业作为资金供给方，也会受到政治关联的影响。

从地方政府部门直接调任而来的董事长对城商行信贷政策制定的动机相对复杂。一方面，从地方政府部门直接调任而来的城商行董事长有动机提高城商行信用风险。周黎安（2007）指出，我国的政府官员处于封闭的"内部劳动力"市场中，官员唯一的发展途径就是获得晋升，而一旦被罢免或开除，这些官员很难流动到市场体系中实现再就业。获得晋升与否的巨大落差使得官员在官场中会利用一切可能的资源来获取晋升机会。从地方政府部门调任到城商行担任董事长实际上为地方政府官员提供了一条较为"体面"的转移渠道。在我国现行的政治晋升体制下，官员的政绩和能力是重要的考核标准，因此为了获得政治晋升而回到地方政府部门，这些从地方政府部门直接调任而来的城商行董事长有充分的动机在信贷行为选择上迎合地方政府的融资需求。这些行为可能导致城商行累积了过多的信用风险，最终提高了城商行信用风险。

　　另一方面，从地方政府部门直接调任而来的城商行董事长有动机降低城商行信用风险。在我国现行的政治晋升体制下，官员选拔除了考察官员的政绩和能力外，还会结合官员的年龄进行综合考虑。如果官员的年龄已经接近退休年龄，那么其获得晋升的机会大大减少。从地方政府部门直接调任而来的城商行董事长一般年龄偏大①。如果考虑到其在城商行的任期，平均来说，当该官员执行完其在城商行的董事长任期后，一般已经快到退休年龄，进一步获得政治晋升调任回地方政府机构的可能性非常小。在城商行内部的晋升体系中，董事长也已经达到内部晋升的顶点。因此，相比于对地方政府进行政治迎合而获得政治晋升，这些董事长可能更加关心如何安全度过其最后一段的政治生涯，进而顺利退休。基于此，从地方政府部门直接调任而来的城商行董事长在进行城商行信贷决策时，可能会选择更加审慎的信贷行为，从而降低了城商行信用风险。在地方政府部门相对较为强势的情况下，地方政府官员的流动在一定程度上具有单向性，即地方政府部门调到经济部门较为容易，而由经济部门回调到地方政府部门较难。那么，在进行城商行信贷决策时，从地方政府部门直接调任而来的董事长究竟更加倾向于"政治迎合观"还是"审慎观"呢？本文提出假设1

---

　　①　从下文的描述性统计可以看出，从政府部门直接调任而来的城商行董事长的平均年龄大约达到53岁，相对更接近退休年龄。

至假设 7 以验证上述理论分析。

假设 1：在其他条件不变的情况下，从地方政府部门直接调任而来的城商行董事长更加倾向于扩大城商行贷款规模。

假设 2：在其他条件不变的情况下，从地方政府部门直接调任而来的城商行董事长更加倾向于减少城商行短期贷款比例。

假设 3：在其他条件不变的情况下，从地方政府部门直接调任而来的城商行董事长更加倾向于增加城商行中长期贷款比例。

假设 4：在其他条件不变的情况下，从地方政府部门直接调任而来的城商行董事长更加倾向于减少城商行在制造业和零售业的贷款比例。

假设 5：在其他条件不变的情况下，从地方政府部门直接调任而来的城商行董事长更加倾向于增加城商行在房地产业和建筑业的贷款比例。

假设 6：在其他条件不变的情况下，从地方政府部门直接调任而来的城商行董事长更加倾向于提高城商行的贷款集中度。

假设 7：在其他条件不变的情况下，从地方政府部门直接调任而来的董事长提高了城商行信用风险。

6.3 研究设计

本部分首先考察拥有地方政府背景的城商行高管是否会出于其自身的政治晋升等利益的考虑，在进行城商行信贷决策时更加迎合地方政府在贷款中的利益诉求，造成城商行信用风险上升。借鉴现有文献（曹廷求，2006；杨德勇和曹永霞，2007；周黎安，2007；何贤杰等，2008；Jia，2009；Foos 等，2010；谭兴民等，2010；Barry 等，2011；张健华和王鹏，2012，等等）的做法，本部分设定模型如下：

$$\text{Loan}_{it} = \alpha_{it} + \beta_1 \text{Promote}_{it} + \beta_2 \text{LnGDP}_{it} + \beta_3 \text{D\_branch}_{it} +$$
$$\beta_4 \text{Hold\_1} + \beta_5 \text{Stateown}_{it} + \beta_6 \text{Foreign}_{it} + \beta_7 \text{CAR}_{it} +$$
$$\beta_8 \text{LnAsset}_{it} + \sum \text{Year}_{it} + \varepsilon_{it} \tag{6-1}$$

（1）因变量。本书主要从贷款规模、贷款期限、贷款行业分布和贷款集中度四个方面综合考察城商行的信贷行为。在贷款规模方面，本书主要选取贷款资产比（Loan_asset，即贷款/总资产）来衡量贷款规模。在稳健性检验中，本书选择存贷比（Loan_save，即贷款/存款）作为衡量指标进行实证检验。在贷款期限方面，本书选择短期贷款比（Loan_short，即短期贷款/贷款总额）和中长期贷款比（Loan_long，即中长期贷款/贷款总额）进行衡量。在贷款集中度方面，本书选择单一最大客户贷款比例（Loan_big）进行衡量。

（2）主要考察变量。本书用董事长的晋升渠道（Promote）来衡量董事长的官员背景，如果城商行董事长是从地方政府部门直接调任而来的，则该变量取值为1，否则取值为0。

（3）主要控制变量。借鉴现有文献（曹廷求，2006；杨德勇和曹永霞，2007；何贤杰等，2008；Jia，2009；谭兴民等，2010；钱先航，2011；Bhaumik，2011；张健华和王鹏，2012，等等）的做法，本书选择以下变量作为控制变量：一是宏观控制变量——城商行所在城市当年的 GDP 的自然对数（LnGDP），用于控制不同地区的经济发展水平的影响。二是微观控制变量。微观控制变量包括是否跨省份设立分支行（D_branch），城商行跨省份设立分支行时取1，否则取0；第一大股东持股比例（Hold_1）；第一大股东性质是否为国有（Stateown），第一大股东性质为国有股时取1，否则取0；第一大股东性质是否为境外投资者（Foreign），第一大股东性质为境外投资者时取1，否则取0；资本充足率（CAR）；总资产的自然对数（LnAsset）；年度虚拟变量（Year），用于控制年度的影响。

6.4　数据来源及描述性统计

《企业会计准则》于2007年开始在我国上市公司正式实行，考虑到会计信息的可比性，本书选取2007—2012年城商行的样本进行研究。我国城商行大多数还未上市，其信息披露尚不规范，因此本书首先剔除了关键财务数据缺失的样本。其次，本书删除了在年报中未披露其董事长晋升渠道的样本。上市银行的公司治理受到投资者的关注，其行为可能与未上市银行存在差异，因此本书剔除了已经上市的北京银行、南京银行和宁波银行的数据。最终样本数为 180 个，各项财务数据均从城商行年度报告中人工收集而来。为消除极端值的影响，本书对各连续变量（除取自然对数的变量外）均前后各进行了 1% 的 winsorize 处理。

表 6-1 显示了主要变量的描述性统计结果。可以看出，大约占总样本 78% 的城商行第一大股东为国有股，地方政府作为国有股股东对城商行有着重大影响。这一结果与上文的研究相符合。大约占总样本 30% 的城商行的董事长从地方政府部门直接调任而来。也就是说，在国有股为第一大股东的城商行中，有近 40% 的城商行的董事长从地方政府部门直接调任而来。

表 6-1　主要变量的描述性统计结果

变量符号	样本数	均值	标准差	中位数	最小值	最大值
Badloan	174	0.013 2	0.012 9	0.009 5	0.000 0	0.095 6
Cover	159	2.571 1	1.410 3	2.291 5	0.381 0	8.280 0
F_Badloan	141	0.010 4	0.007 6	0.008 7	0.000 0	0.067 5
F_cover	131	2.827 6	1.376 7	2.562 2	0.772 3	8.280 0
Loan_asset	180	0.463 7	0.101 9	0.477 4	0.186 7	0.642 0
Loan_save	180	0.598 8	0.105 6	0.618 4	0.270 7	0.749 8
Loan_short	46	0.585 2	0.215 4	0.552 7	0.270 1	0.984 5
Loan_long	52	0.285 8	0.211 6	0.262 0	0.004 0	0.704 6
Loan_manu	158	0.246 8	0.115 7	0.220 0	0.064 9	0.510 4
Loan_sale	158	0.136 1	0.082 6	0.123 2	0.000 0	0.391 4
Loan_estate	157	0.084 3	0.059 3	0.075 4	0.000 0	0.210 9
Loan_build	157	0.056 6	0.033 1	0.050 0	0.000 0	0.154 7
Loan_big	153	0.127 2	0.200 7	0.070 5	0.015 0	1.306 4
Promote	180	0.300 0	0.459 5	0.000 0	0.000 0	1.000 0

表6-1(续)

变量符号	样本数	均值	标准差	中位数	最小值	最大值
LnGDP	180	7.949 3	0.911 5	8.007 2	5.793 5	9.908 5
D_branch	180	0.322 2	0.468 6	0.000 0	0.000 0	1.000 0
Hold_1	170	0.183 9	0.114 4	0.167 4	0.055 1	0.639 9
Stateown	180	0.783 3	0.413 1	1.000 0	0.000 0	1.000 0
Foreign	180	0.077 8	0.268 6	0.000 0	0.000 0	1.000 0
CAR	176	0.136 2	0.061 5	0.125 4	0.048 2	0.596 1
LnAsset	180	15.667 6	1.079 5	15.698 9	12.666 4	18.218 4
Age	169	52.781 1	5.610 8	53.000 0	38.000 0	64.000 0

6.5 实证分析

6.5.1 高管晋升途径与城商行信贷行为

本书研究的样本跨度为2007—2012年，属于"大 N 小 T"类型的面板数据。然而由于本书研究的是未上市的城商行，其信息披露尚不规范，因此样本的局限性导致本书无法采用面板回归方法。一方面，相比于大型国有银行，城商行产生和发展的时间较短，其开始较为规范地披露财务信息的时间更短，因此无法获得足够年限的研究样本；另一方面，由于大多数城商行尚未上市，其财务信息披露的频率较低，内容也不够全面，因此样本存在很大程度上的缺失。鉴于上述因素的影响，本书主要选择混合面板的最小二乘法对研究样本进行回归。考虑到研究数据同时可能存在异方差的情况，本书对回归得到的 t 统计量进行了 Robust standard error 的修正。考虑到时间的影响，本书对样本所处的年份因素进行了控制。

（1）贷款规模。我们首先来看贷款规模方面的实证结果。表 6-2 显示了从地方政府部门直接调任而来的董事长对城商行信贷行为的影响（贷款规模）。从表 6-2 可以看出，各回归方程的 P 值为 0.000 0，F 值较大，表明模型整体显著；各回归方程的 Adj R^2 较高，表明模型有较好的拟合性。

衡量从地方政府部门直接调任而来的董事长的变量 Promote 与城商行贷款规模（Loan_asset）显著负相关，并且在用存贷比（Loan_save）衡量贷款规模后，上述结果较为稳健。这表明，从地方政府部门直接调任而来的董事长会显著缩小城商行的贷款规模，上述结果拒绝了假设 1，即在其他条件不变的情况下，从地方政府部门直接调任而来的城商行董事长更加倾向于扩大城商行贷款规模。从地方政府部门直接调任而来的董事长的这一行为看似与上文中国有股股东扩大城商行贷款规模的做法相违背，本书认为，可能的原因在于：第一，银行业相对来说是对专业知识要求较高的行业，需要较丰富的知识储备，从地方政府部门直接调任而来的董事长在进入银行业之前一直从事地方政府相关工作，其中的相当一部分人之前并未从事过银行的信贷实务，因此即使其想对城商行的贷款规模实施控制，可能也会受到其个人能力的制约。第二，在这些从地方政府部门直接调任而来的董事长中，相当一部分在政治方面"失势"，接近退休年龄而晋升无望。城商行高管的薪酬相比于地方政府部门更高，因此有些官员主动要求或被派遣到城商行中担任董事长以期在薪酬上获得改善。这部分董事长可能对政治方面的诉求较低，因此主要从城商行的利益角度，从而作出考量进行信贷决策。

表 6-2　从地方政府部门直接调任而来的董事长
对城商行信贷行为的影响（贷款规模）

变量	因变量 Loan_asset	T 值	因变量 Loan_save	T 值
Promote	−0.035 1 **	−2.01	−0.030 1 *	−1.81
LnGDP	−0.026 0 **	−2.29	−0.002 8	−0.25
D_branch	0.077 8 ***	3.82	0.065 4 ***	3.17
Hold_1	−0.001 8 ***	−3.06	−0.002 7 ***	−4.09
Stateown	0.034 9	1.56	0.013 3	0.56
Foreign	0.056 8 **	2.44	0.033 4	1.27

表6-2(续)

变量	因变量 Loan_asset	T 值	因变量 Loan_save	T 值
CAR	−0. 347 4***	−3. 85	−0. 137 9	−1. 41
LnAsset	−0. 016 1	−1. 08	−0. 006 5	−0. 48
常数项	0. 964 8***	5. 64	0. 777 6***	5. 02
Year	控制		控制	
Adj R^2	0. 412 1		0. 289 1	
P	0. 000 0		0. 000 0	
F	16. 84		7. 87	
N	169		169	

注：①表格内的数据上面表示估计系数，下面括号内数字表示 t 值。表中显示的 t 值均是经过 Robust standard error 修正后的 t 统计量。②***、**、* 分别表示 0.01、0.05、0.1 的显著性水平。

（2）贷款期限结构。表 6-3 显示了从地方政府部门直接调任而来的董事长对城商行信贷行为的影响（贷款期限结构）。从表 6-3 可以看出，各回归方程的 P 值为 0.000 0，F 值较大，表明模型整体显著；各回归方程的 Adj R^2 较高，表明模型有较好的拟合性。在短期贷款比例（Loan_short）方面，衡量从地方政府部门直接调任而来的董事长的变量 Promote 与短期贷款比例（Loan_short）显著负相关，表明从地方政府部门直接调任而来的董事长更倾向于减少城商行短期贷款比例。这一实证结果验证了假设 2，即在其他条件不变的情况下，从地方政府部门直接调任而来的城商行董事长更加倾向于减少城商行短期贷款比例。在中长期贷款比例（Loan_long）方面，衡量从地方政府部门直接调任而来董事长的变量 Promote 与中长期贷款比例（Loan_long）显著正相关，表明从地方政府部门直接调任而来的董事长更倾向于增加城商行的中长期贷款比例。这一实证结果验证了假设 3，即在其他条件不变的情况下，从地方政府部门直接调任而来的城商行董事长更加倾向于增加城商行中长期贷款比例。上述实证结果表明，在贷款期限结构上，从地方政府部门直接调任而来的董事长确实会增加城商行中长期贷款比例。这一行为与上文发现的国有股股东对城商行贷款期限结构的干涉行为相一致，表明从地方政府部门直接调任而来的董事长会在贷款期限结构方面迎合地方政府的诉求。

表6-3　从地方政府部门直接调任而来的董事长
对城商行信贷行为的影响（贷款期限结构）

变量	因变量 Loan_short	T 值	因变量 Loan_long	T 值
Promote	−0. 197 2*	−1. 93	0. 193 6***	4. 52
LnGDP	0. 132 9*	1. 86	−0. 216 8***	−5. 94
D_branch	0. 031 2	0. 16	−0. 098 9	−1. 02
Hold_1	−0. 004 9	−0. 57	0. 009 1***	3. 88
Stateown	−0. 064 4	−0. 30	0. 203 4***	3. 22
Foreign	0. 192 3	1. 04	0. 110 0	1. 33
CAR	−0. 291 6	−0. 77	0. 499 8**	2. 72
LnAsset	−0. 215 3**	−2. 64	0. 234 4***	6. 13
常数项	3. 014 0***	3. 47	−2. 037 2***	−4. 74
Year	控制		控制	
Adj R^2	0. 373 9		0. 750 6	
P	0. 016 0		0. 000 0	
F	2. 55		14. 69	
N	45		51	

注：①表格内的数据上面表示估计系数，下面括号内数字表示t值。表中显示的t值均是经过Robust standard error 修正后的 t 统计量。②***、**、*分别表示0. 01、0. 05、0. 1的显著性水平。

（3）贷款行业分布。表6-4 显示了从地方政府部门直接调任而来的董事长对城商行信贷行为的影响（贷款行业分布）。从表 6-4 可以看出，各回归方程的 P 值为 0. 000 0，F 值较大，表明模型整体显著；各回归方程的 Adj R^2较高，表明模型有较好的拟合性。在贷款行业分布方面，衡量从地方政府部门直接调任而来的董事长的变量 Promote 与城商行制造业贷款比

例（Loan_manu）显著负相关，而与批发零售业贷款比例（Loan_sale）未
呈现显著的相关关系。这表明，从地方政府部门直接调任而来的董事长更
倾向于减少城商行在制造业的贷款比例，而不会显著干涉城商行在批发零
售业的贷款比例。这一实证结果部分验证了假设4，即在其他条件不变的
情况下，从地方政府部门直接调任而来的城商行董事长更加倾向于减少城
商行在制造业和零售业的贷款比例。衡量从地方政府部门直接调任而来的
董事长的变量Promote与城商行房地产业贷款比例（Loan_estate）显著正
相关，而与建筑业贷款比例（Loan_build）未呈现显著的相关关系。这表
明，从地方政府部门直接调任而来的董事长更倾向于增加城商行在房地产
业的贷款比例，而不会显著干涉城商行在建筑业的贷款比例。这一实证结
果部分验证了假设5，即在其他条件不变的情况下，从地方政府部门直接
调任而来的城商行董事长更加倾向于增加城商行在房地产业和建筑业的贷
款比例。

表6-4 从地方政府部门直接调任而来的董事长
对城商行信贷行为的影响（贷款行业分布）

变量	因变量 Loan_manu	因变量 Loan_sale	因变量 Loan_estate	因变量 Loan_build
Promote	−0.033 1* (−1.96)	0.021 0 (1.04)	0.020 5** (2.19)	0.004 4 (0.50)
LnGDP	0.033 8** (2.29)	−0.003 3 (−0.23)	−0.006 7 (−0.92)	0.007 8 (1.28)
D_branch	−0.012 4 (−0.53)	−0.052 0** (−2.43)	0.045 2*** (2.93)	0.014 4* (1.84)
Hold_1	−0.005 9*** (−7.70)	−0.002 5*** (−4.16)	0.002 3*** (6.67)	0.000 1 (0.33)
Stateown	−0.047 5 (−1.35)	−0.045 5** (−2.00)	0.018 8 (1.02)	0.005 8 (0.58)
Foreign	−0.049 4 (−1.25)	−0.031 2 (−1.29)	0.000 4 (0.02)	0.016 8 (1.21)

表6-4(续)

变量	因变量 Loan_manu	因变量 Loan_sale	因变量 Loan_estate	因变量 Loan_build
CAR	-0.2556^{*} (−1.71)	-0.0440 (−0.48)	0.5049^{**} (2.38)	0.1495^{*} (1.73)
LnAsset	-0.0659^{***} (−4.85)	0.0213 (1.29)	0.0156^{**} (2.33)	-0.0030 (−0.50)
常数项	1.1934^{***} (7.29)	-0.1046 (−0.54)	-0.2377^{**} (−2.55)	-0.0068 (−0.11)
Year	控制	控制	控制	控制
Adj R^2	0.4711	0.2492	0.3266	0.2355
P	0.0000	0.0000	0.0000	0.0000
F	10.46	5.06	9.31	4.05
N	156	156	155	155

注：①表格内的数据上面表示估计系数，下面括号内数字表示 t 值。表中显示的 t 值均是经过 Robust standard error 修正后的 t 统计量。②***、**、* 分别表示 0.01、0.05、0.1 的显著性水平。

（4）贷款集中度。表6-5 显示了从地方政府部门直接调任而来的董事长对城商行信贷行为的影响（贷款集中度）。从表6-5 可以看出，各回归方程的 P 值为 0.0000，F 值较大，表明模型整体显著；各回归方程的 Adj R^2 较高，表明模型有较好的拟合性。在贷款集中度方面，衡量从地方政府部门直接调任而来的董事长的变量 Promote 与城商行贷款集中度（Loan_big）显著负相关。这表明，从地方政府部门直接调任到城商行的董事长降低了城商行的贷款集中度。这一实证结果拒绝了假设6，即在其他条件不变的情况下，从地方政府部门直接调任而来的城商行董事长更加倾向于提高城商行的贷款集中度。产生这一现象的原因可能是部分董事长已接近退休年龄，他们更加关注城商行的顺利运营，而在信贷行为上缺少对地方政府的迎合效应。

表 6-5　从地方政府部门直接调任而来的董事长

对城商行信贷行为的影响（贷款集中度）

变量	回归系数	T 值
Promote	−0.083 5**	−2.40
LnGDP	−0.020 7	−0.85
D_branch	−0.017 1	−0.29
Hold_1	0.005 5***	2.71
Stateown	−0.050 5	−0.68
Foreign	−0.003 3	−0.05
CAR	−0.166 8	−1.09
LnAsset	−0.018 0	−0.74
常数项	0.587 0	1.43
Year	控制	
Adj R^2	0.300 6	
P	0.016 8	
F	2.12	
N	148	

注：①表格内的数据上面表示估计系数，下面括号内数字表示 t 值。表中显示的 t 值均是经过 Robust standard error 修正后的 t 统计量。②***、**、* 分别表示 0.01、0.05、0.1 的显著性水平。

（5）信用风险。表 6-6 显示了从地方政府部门直接调任而来的董事长对城商行信用风险的影响。从表 6-6 可以看出，各回归方程的 P 值为 0.000 0，F 值较大，表明模型整体显著；各回归方程的 Adj R^2 较高，表明模型有较好的拟合性。在城商行的整体信用风险方面，衡量从地方政府部门直接调任而来的董事长的变量 Promote 与城商行当期（Badloan）和下一期不良贷款率（F_badloan）显著负相关，而与城商行当期（Cover）和下一期拨备覆盖率（F_cover）显著正相关。这表明，从地方政府部门直接调任而来的董事长显著降低了城商行的整体信用风险。上述实证结果拒绝了假设 7，即在其他条件不变的情况下，从地方政府部门直接调任而来的董事长提高了城商行信用风险。上述实证结果支持了从地方政府部门直接调任而来的董事长的"治理观"。由于现阶段的官员任命体制影响，担任城商行董事长的原地方政府官员一般年龄偏大接近退休，相对于无望的政治晋升，他们更加看重担任城商行董事长期间对城商行整体风险的把控，因此在信贷政策选择上更加审慎，客观上降低了城商行的整体风险。

表6-6　从地方政府部门直接调任而来的董事长对城商行信用风险的影响

变量	因变量 Badloan	因变量 F_badloan	因变量 Cover	因变量 F_cover
Promote	−0.003 2 ** (−2.14)	−0.003 0 *** (−2.71)	0.798 5 *** (3.39)	0.976 3 *** (3.83)
LnGDP	−0.001 4 (−1.28)	0.000 0 (0.04)	−0.166 5 (−0.95)	−0.194 1 (−0.98)
D_branch	−0.001 5 (−0.75)	−0.001 3 (−0.97)	0.252 4 (0.96)	0.093 8 (0.34)
Hold_1	0.000 1 (0.88)	−0.000 0 (−0.62)	0.005 3 (0.52)	0.008 0 (0.68)
Stateown	0.000 2 (0.09)	−0.000 1 (−0.05)	0.860 6 *** (2.89)	0.904 1 *** (3.16)
Foreign	−0.000 6 (−0.28)	−0.000 2 (−0.13)	0.470 6 (1.42)	0.669 4 * (1.68)
CAR	−0.015 8 ** (−2.05)	−0.007 1 (−1.00)	0.002 1 (0.00)	−2.928 9 ** (−2.36)
LnAsset	0.000 2 (0.18)	−0.000 7 (−0.75)	0.001 0 (0.01)	−0.004 7 (−0.02)
Loan_save	−0.000 1 (−0.01)	0.006 0 (1.29)	0.324 8 (0.33)	0.028 0 (0.02)
常数项	0.031 4 * (1.68)	0.027 1 ** (2.27)	0.938 8 (0.42)	2.033 9 (0.84)
Year	控制	控制	控制	控制
Adj R^2	0.465 9	0.434 0	0.555 6	0.520 3
P	0.000 0	0.000 0	0.000 0	0.000 0
F	7.16	5.01	12.58	8.86
N	168	132	152	121

注：①表格内的数据上面表示估计系数，下面括号内数字表示 t 值。表中显示的 t 值均是经过 Robust standard error 修正后的 t 统计量。②***、**、*分别表示 0.01、0.05、0.1 的显著性水平。

6.5.2 高管晋升途径、晋升机会与城商行信贷行为

从上文的实证结果可以看出，从地方政府部门直接调任而来的董事长更加倾向于缩小城商行信贷规模和降低贷款集中度，而在贷款期限结构和行业分布上对地方政府进行政治迎合。总体来说，从地方政府部门直接调任而来的董事长降低了城商行的整体信用风险。上述实证结果似乎支持了"审慎观"，然而年龄越小，政治激励的作用越大（徐现祥和王贤彬，2010）。从上文中对这些董事长的年龄描述性统计来看，标准差达到了 5.5 岁，表明这些董事长的年龄差距较大。在这些从地方政府部门直接调任而来的董事长中，最年轻的只有 38 岁，这部分较为年轻的董事长在以后有更多的政治晋升机会，因此他们的行为可能更加符合"政治迎合观"。为了验证上述分析，本部分进一步提出假设 8 至假设 14 以考察城商行董事长是否在信贷决策上存在对地方政府的政治迎合行为。

假设 8：在其他条件不变的情况下，从地方政府部门直接调任而来而又较为年轻的城商行董事长更加倾向于扩大城商行贷款规模。

假设 9：在其他条件不变的情况下，从地方政府部门直接调任而来而又较为年轻的城商行董事长更加倾向于减少城商行短期贷款比例。

假设 10：在其他条件不变的情况下，从地方政府部门直接调任而来而又较为年轻的城商行董事长更加倾向于增加城商行中长期贷款比例。

假设 11：在其他条件不变的情况下，从地方政府部门直接调任而来而又较为年轻的城商行董事长更加倾向于减少城商行在制造业和批发零售业的贷款比例。

假设 12：在其他条件不变的情况下，从地方政府部门直接调任而来而又较为年轻的城商行董事长更加倾向于增加城商行在房地产业和建筑业的贷款比例。

假设 13：在其他条件不变的情况下，从地方政府部门直接调任而来而又较为年轻的城商行董事长更加倾向于提高城商行的贷款集中度。

假设 14：在其他条件不变的情况下，从地方政府部门直接调任而来而又较为年轻的城商行董事长最终提高了城商行信用风险。

借鉴现有文献（曹廷求，2006；杨德勇和曹永霞，2007；周黎安，2007；何贤杰等，2008；Jia，2009；Foos 等，2010；谭兴民等，2010；Barry 等，2011；张健华和王鹏，2012，等等）的做法，本部分设定模型如下：

$$\text{Loan}_{it} = \alpha_{it} + \beta_1\text{Promote}_{it} \times \text{Retire}_{it} + \beta_2\text{Promote}_{it} + \beta_3\text{Retire}_{it} +$$

$$\beta_4\text{LnGDP}_{it} + \beta_5\text{D\_branch}_{it} + \beta_6\text{Hold\_1} + \beta_7\text{Stateown}_{it} +$$

$$\beta_8\text{Foreign}_{it} + \beta_9\text{CAR}_{it} + \beta_{10}\text{LnAsset}_{it} + \sum \text{Year}_{it} + \varepsilon_{it} \qquad (6\text{-}2)$$

其中，Retire 衡量从地方政府部门直接调任而来的城商行董事长距离退休年龄的年限，若该董事长为男性，则该指标＝60-该董事长的年龄；若该董事长为女性，则该指标＝55-该董事长的年龄。是否为从地方政府部门直接调任而来（Promote）和距离退休年限（Retire）的交互项（Promote×Retire）用于衡量年轻而有更多晋升机会的、从地方政府部门直接调任而来的城商行董事长。其他变量定义如前，此不赘述。

（1）贷款规模。表 6-7 显示了从地方政府部门直接调任而来的较为年轻的董事长对城商行信贷行为的影响（贷款规模）。从表 6-7 可以看出，各回归方程的 P 值为 0.000 0，F 值较大，表明模型整体显著；各回归方程的 AdjR^2 较高，表明模型有较好的拟合性。衡量从地方政府部门直接调任而来的较为年轻的城商行董事长的交互项（Promote×Retire）与城商行贷款规模显著负相关。这表明，从地方政府部门直接调任而来而又较为年轻的城商行董事长会显著降低城商行的贷款规模。这一结论拒绝了假设 8，即在其他条件不变的情况下，从地方政府部门直接调任而来而又较为年轻的城商行董事长更加倾向于扩大城商行贷款规模。产生这一现象的原因可能在于当前我国地方政府部门和经济部门之间的人才流动具有单向性，即人才从地方政府部门直接调任到经济部门相对容易，而由经济部门调任到地方政府部门相对较难。考虑到地方政府部门相对于经济部门掌握了大量资源，拥有较大权力，从地方政府部门调任经济部门实际上是某种形式的"降职"，变相宣布了该官员政治生涯的结束。在这种情况下，年轻的被调任到经济部门的官员，由于其距离退休的年限较长，因此出于自身利益考虑必须审慎经营该经济部门，在贷款规模上避免激进的行为。这一实证结果支持了从地方政府部门直接调任而来的城商行董事长的"风险规避观"。

表6-7 从地方政府部门直接调任而来的较为年轻的
董事长对城商行信贷行为的影响（贷款规模）

变量	因变量 Loan_asset	T 值	因变量 Loan_save	T 值
Promote×Retire	−0.008 9*	−1.74	−0.053 6*	−1.80
Retire	−0.001 4	−1.12	0.000 2	0.15
Promote	0.021 4	0.87	0.050 1	1.59
LnGDP	−0.036 2***	−3.28	−0.008 0	−0.73
D_branch	0.050 5***	2.66	0.045 3**	2.32
Hold_1	−0.002 1***	−3.44	−0.003 0***	−4.55
Stateown	0.029 5	1.52	0.010 6	0.45
Foreign	0.045 1**	2.18	0.030 6	1.15
CAR	−0.275 3***	−2.91	−0.019 7	−0.19
LnAsset	−0.000 3	−0.02	0.008 3	0.66
常数项	0.819 6***	4.62	0.600 8***	4.06
Year	控制		控制	
Adj R²	0.460 4		0.357 0	
P	0.000 0		0.000 0	
F	21.98		8.92	
N	159		159	

注：①表格内的数据上面表示估计系数，下面括号内数字表示t值。表中显示的t值均是经过Robust standard error 修正后的t统计量。②*** 、** 、* 分别表示0.01、0.05、0.1的显著性水平。

（2）贷款期限结构。表6-8显示了从地方政府部门直接调任而来的较为年轻的董事长对城商行信贷行为的影响（贷款期限结构）。从表6-8可以看出，各回归方程的P值为0.0000，F值较大，表明模型整体显著；各回归方程的 AdjR^{2}较高，表明模型有较好的拟合性。衡量从地方政府部门直接调任而来的较为年轻的城商行董事长的交互项（Promote×Retire）与城商行短期贷款比例和中长期贷款比例均未呈现显著的相关关系。这表明，从地方政府部门直接调任而来而又较为年轻的城商行董事长并没有减少城商行的短期贷款比例。这一结果拒绝了假设9，即在其他条件不变的情况下，从地方政府部门直接调任而来而又较为年轻的城商行董事长更加倾向于减少城商行短期贷款比例。从地方政府部门直接调任而来而又较为年轻的城商行董事长也没有相应增加城商行的中长期贷款比例。这一实证结果拒绝了假设10，即在其他条件不变的情况下，从地方政府部门直接调任而来而又较为年轻的城商行董事长更加倾向于增加城商行中长期贷款比例。这一实证结果否定了从地方政府部门直接调任而来的城商行董事长的"政治迎合观"，而支持了其"风险规避观"。

进一步分析发现，衡量董事长年龄的变量 Retire 与城商行短期贷款规模显著正相关。这表明，在年龄方面距离退休年龄越远的董事长，越倾向于增加相对风险较小的城商行短期贷款比例。衡量董事长年龄的变量 Retire 与城商行中长期贷款规模显著的负相关关系。这表明，在年龄方面距离退休年龄越远的董事长，越会降低相对风险较大的城商行中长期贷款比例。上述实证结果更加验证了从地方政府部门直接调任而来的城商行董事长偏好选择低风险信贷政策，即"风险规避观"。

表 6-8 从地方政府部门直接调任而来的较为年轻的董事长
对城商行信贷行为的影响（贷款期限结构）

变量	因变量 Loan_short	T 值	因变量 Loan_long	T 值
Promote×Retire	0.019 1	0.79	0.042 3	0.48
Retire	0.023 5	2.06	−0.008 9**	−2.41
Promote	−0.029 2	−0.17	−0.016 4	−0.18
LnGDP	0.123 8*	1.76	−0.218 3***	−6.16
D_branch	−0.043 1	−0.23	−0.037 7	−0.44
Hold_1	−0.012 1	−1.29	0.010 2***	5.04
Stateown	−0.012 6	−0.05	0.178 6***	2.99
Foreign	0.456 2**	1.98	0.051 4	0.54
CAR	−0.586 2*	−1.83	0.146 5	0.34
LnAsset	−0.173 6*	−1.93	0.223 1***	4.14
常数项	2.324 2**	2.41	−1.704 6***	−2.76
Year	控制		控制	
Adj R²	0.488 7		0.753 7	
P	0.001 4		0.000 0	
F	3.63		19.32	
N	45		51	

注：①表格内的数据上面表示估计系数，下面括号内数字表示 t 值。表中显示的 t 值均是经过 Robust standard error 修正后的 t 统计量。②***、**、*分别表示 0.01、0.05、0.1 的显著性水平。

（3）贷款行业分布。表 6-9 显示了从地方政府部门直接调任而来的较为年轻的董事长对城商行信贷行为的影响（制造业和批发零售业）。从表 6-9 可以看出，各回归方程的 P 值为 0.000 0，F 值较大，表明模型整体显著；各回归方程的 AdjR² 较高，表明模型有较好的拟合性。衡量从地方政府部门直接调任而来的较为年轻的城商行董事长的交互项（Promote× Retire）与城商行制造业贷款（Loan_manu）比例显著负相关。这表明，从地方政府部门直接调任而来的较为年轻的城商行董事长会显著减少城商行的制造业贷款比例。这一实证结果验证了假设11中关于制造业贷款比例的部分，即在其他条件不变的情况下，从地方政府部门直接调任而来而又较为年轻的城商行董事长更加倾向于减少城商行在制造业的贷款比例。衡量从地方政府部门直接调任而来的较为年轻的城商行董事长的交互项（Promote×Retire）与城商行批发零售业贷款（Loan_sale）并未发现显著的相关关系。这一发现拒绝了假设11中关于批发零售业贷款比例的部分，即在其他条件不变的情况下，从地方政府部门直接调任而来而又较为年轻的城商行董事长更加倾向于减少城商行在批发零售业的贷款比例。上述实证结果表明，在制造业贷款比例方面，从地方政府部门直接调任而来而又较为年轻的城商行董事长会迎合地方政府的融资需求，从而支持了其"政治迎合观"。

表6-9　从地方政府部门直接调任而来的较为年轻的董事长

对城商行信贷行为的影响（制造业和批发零售业）

变量	因变量 Loan_manu	T 值	因变量 Loan_sale	T 值
Promote×Retire	−0.013 7**	−2.15	−0.004 3	−1.28
Retire	0.000 1	0.06	0.002 2	1.48
Promote	0.032 5	0.99	0.019 5	0.79
LnGDP	0.026 3*	1.67	0.003 2	0.23
D_branch	−0.032 9	−1.33	−0.022 8	−1.20
Hold_1	−0.005 5***	−7.19	−0.002 2***	−4.08
Stateown	−0.047 3	−1.39	−0.021 2	−1.07
Foreign	−0.054 1	−1.49	−0.008 8	−0.37
CAR	−0.242 3	−1.54	−0.037 6	−0.44
LnAsset	−0.058 6***	−3.77	−0.001 1	−0.08
常数项	1.119 7***	5.90	0.139 7	0.83

表6-9(续)

变量	因变量 Loan_manu	T 值	因变量 Loan_sale	T 值
Year	控制		控制	
Adj R^2	0.495 9		0.255 2	
P	0.000 0		0.000 0	
F	9.52		4.35	
N	147		147	

注：①表格内的数据上面表示估计系数，下面括号内数字表示 t 值。表中显示的 t 值均是经过 Robust standard error 修正后的 t 统计量。②***、**、*分别表示 0.01、0.05、0.1 的显著性水平。

表 6-10 显示了从地方政府部门直接调任而来的较为年轻的董事长对城商行信贷行为的影响（房地产业和建筑业）。从表 6-10 可以看出，各回归方程的 P 值为 0.000 0，F 值较大，表明模型整体显著；各回归方程的 AdjR^{2}较高，表明模型有较好的拟合性。衡量从地方政府部门直接调任而来的较为年轻的城商行董事长的交互项（Promote×Retire）与城商行房地产业贷款比例（Loan_estate）呈现显著的正相关关系。这表明，从地方政府部门直接调任而来的较为年轻的城商行董事长会显著增加城商行的房地产业贷款比例。这一实证结果验证了假设 12 中关于房地产业贷款比例的部分，即在其他条件不变的情况下，从地方政府部门直接调任而来而又较为年轻的城商行董事长更加倾向于增加城商行在房地产业的贷款比例。然而，衡量从地方政府部门直接调任而来的较为年轻的城商行董事长的交互项（Promote×Retire）与城商行房地产业贷款（Loan_build）比例之间并不存在显著的相关关系。这一实证结果拒绝了假设 12 中关于建筑业贷款比例的部分，即在其他条件不变的情况下，从地方政府部门直接调任而来而又较为年轻的城商行董事长更加倾向于增加城商行在建筑业的贷款比例。上述实证结果表明，在房地产业贷款比例方面，从地方政府部门直接调任而来而又较为年轻的城商行董事长会更加迎合地方政府的融资需求，从而支

持了该部分董事长的"政治迎合观"。

表 6-10　从地方政府部门直接调任而来的较为年轻的董事长

对城商行信贷行为的影响（房地产业和建筑业）

变量	因变量 Loan_estate	T 值	因变量 Loan_build	T 值
Promote×Retire	0.010 5***	3.79	0.001 7	0.72
Retire	−0.002 0*	−1.82	−0.000 2	−0.50
Promote	−0.024 9	−1.38	−0.005 3	−0.50
LnGDP	−0.010 3	−1.16	0.008 6	1.33
D_branch	0.051 7***	2.71	0.017 2*	1.93
Hold_1	0.002 2***	5.41	0.000 1	0.42
Stateown	0.021 1	1.01	0.005 6	0.52
Foreign	0.005 3	0.22	0.016 6	1.12
CAR	0.089 3	0.86	0.143 7	1.65
LnAsset	0.016 3*	1.92	−0.004 4	−0.60
常数项	−0.160 3	−1.36	0.011 9	0.14
Year	控制		控制	
Adj R^2	0.356 1		0.249 7	
P	0.000 0		0.000 0	
F	6.82		3.56	
N	147		146	

注：①表格内的数据上面表示估计系数，下面括号内数字表示 t 值。表中显示的 t 值均是经过 Robust standard error 修正后的 t 统计量。②***、**、*分别表示 0.01、0.05、0.1 的显著性水平。

（4）贷款集中度。表 6-11 显示了从地方政府部门直接调任而来的较为年轻的董事长对城商行信贷行为的影响（贷款集中度）。从表 6-11 可以看出，各回归方程的 P 值为 0.000 0，F 值较大，表明模型整体显著；各回归方程的 AdjR^{2}较高，表明模型有较好的拟合性。衡量从地方政府直接调任而来的较为年轻的城商行董事长的交互项（Promote×Retire）与城商行贷款集中度呈现显著的正相关关系。这表明，从地方政府部门直接调任而来的较为年轻的城商行董事长会提高城商行贷款集中度。这一实证结果支持了假设 13，即在其他条件不变的情况下，从地方政府部门直接调任而来而又较为年轻的城商行董事长更加倾向于提高城商行的贷款集中度。这一行为与地方政府的融资需求相一致，支持了从地方政府部门直接调任而来的较为年轻的城商行董事长在城商行贷款集中度决策方面的"政治迎合观"。

表 6-11　从地方政府部门直接调任而来的较为年轻的董事长
对城商行信贷行为的影响（贷款集中度）

变量	因变量 Loan_big	T 值
Promote×Retire	0.010 4**	2.23
Retire	−0.008 7***	−3.47
Promote	−0.176 9***	−3.78
LnGDP	−0.023 9	−1.27
D_branch	−0.003 9	−0.08
Hold_1	0.005 5***	3.51
Stateown	−0.060 5	−0.93
Foreign	−0.027 1	−0.44
CAR	−0.278 8*	−1.81
LnAsset	−0.031 3	−1.39
常数项	0.910 4**	2.52
Year	控制	
Adj R²	0.423 5	
P	0.002 3	
F	2.57	
N	141	

注：①表格内的数据上面表示估计系数，下面括号内数字表示 t 值。表中显示的 t 值均是经过 Robust standard error 修正后的 t 统计量。②***、**、* 分别表示 0.01、0.05、0.1 的显著性水平。

（5）信用风险。上文分别从贷款规模、贷款期限结构、贷款行业分布和贷款集中度方面讨论了从地方政府部门直接调任而来而又较为年轻的城商行董事长对城商行信贷行为的影响。在此基础上，本部分主要考察其对城商行整体信用风险的影响。

表6-12显示了从地方政府部门直接调任而来的较为年轻的董事长对城商行信贷行为的影响（信用风险）。从表6-12可以看出，各回归方程的P值为0.000 0，F值较大，表明模型整体显著；各回归方程的AdjR^{2}较高，表明模型有较好的拟合性。从地方政府部门直接调任而来的城商行董事长（Promote）与城商行当期不良贷款率（Badloan）和下一期不良贷款率（F_badloan）均呈现显著的负相关关系，而与当期拨备覆盖率（Cover）和下一期拨备覆盖率（F_cover）均呈现显著的正相关关系。这表明，从地方政府部门直接调任而来的城商行董事长倾向于使城商行的整体信用风险保持在较低水平。这一实证结果支持了从地方政府部门直接调任而来的城商行董事长的"风险规避观"。衡量从地方政府部门直接调任而来的较为年轻的城商行董事长的交互项（Promote×Retire）与城商行当期不良贷款率（Badloan）和下一期不良贷款率（F_badloan）均呈现显著的正相关关系，而与当期拨备覆盖率（Cover）和下一期拨备覆盖率（F_cover）均呈现显著的负相关关系。这表明，若从地方政府部门直接调任而来的城商行董事长较为年轻，则会更加倾向于选择相对激进的信贷政策，导致城商行整体信用风险的上升。这一实证结果又支持了从地方政府部门直接调任而来的城商行董事长的"政治迎合观"。上述实证结果验证了假设14，即在其他条件不变的情况下，从地方政府部门直接调任而来而又较为年轻的城商行董事长最终提高了城商行信用风险。产生上述现象的原因主要在于两个方面：一方面，相对于即将退休的城商行董事长，从地方政府部门直接调任而来而又较为年轻的董事长获得政治晋升的可能性更大，因此其更加有动机在城商行信贷政策的选择上迎合地方政府的融资需求，保持与地方政府

的良好关系，获得自身政治晋升的政治资本。这些出于政治迎合考虑而非市场规律的信贷行为最终导致了城商行整体信用风险的上升。另一方面，在我国现行的政治体制下，地方政府部门和经济部门的人才流动具有单向性，人才一旦被"下派"到经济部门，很难再获得政治晋升而回到地方政府部门。即使较为年轻的城商行董事长也可能很难获得政治晋升而回到地方政府部门。但是，其年龄距离退休年龄要求较远。地方政府往往是对城商行有重大影响力的大股东，这些较为年轻的董事长如果想要在较长时期内保住自身的董事长职务，保证城商行其他决策的顺利进行，就必须与地方政府搞好关系。因此，从地方政府部门直接调任而来而又较为年轻的董事长在进行城商行的信贷决策时，更加有动机迎合地方政府的融资需求，最终提高了城商行整体信用风险。

表 6-12   从地方政府部门直接调任而来的较为年轻的董事长

对城商行信贷行为的影响（信用风险）

变量	因变量 Badloan	因变量 F_badloan	因变量 Cover	因变量 F_cover
Promote×Retire	0.001 0 *** （3.54）	0.000 9 *** （4.80）	−0.135 9 ** （−2.27）	−0.132 5 * （−1.88）
Retire	−0.000 2 * （−1.73）	−0.000 1 （−1.27）	0.007 8 （0.44）	0.008 3 （0.48）
Promote	−0.006 7 *** （−4.14）	−0.005 8 *** （−5.45）	1.380 3 *** （3.21）	1.595 5 *** （3.37）
LnGDP	−0.001 3 （−1.51）	−0.000 1 （−0.20）	−0.149 3 （−0.79）	−0.179 4 （−0.88）
D_branch	−0.002 1 （−1.26）	−0.001 0 （−0.89）	0.158 8 （0.62）	−0.072 2 （−0.27）
Hold_1	0.000 0 （0.77）	−0.000 0 （−0.33）	0.000 4 （0.03）	−0.001 1 （−0.09）
Stateown	−0.001 3 （−0.76）	−0.001 1 （−1.02）	0.905 3 *** （3.08）	0.903 1 *** （3.05）
Foreign	−0.001 8 （−0.99）	−0.001 2 （−0.84）	0.515 3 （1.55）	0.681 1 （1.59）

表6-12(续)

变量	因变量 Badloan	因变量 F_badloan	因变量 Cover	因变量 F_cover
CAR	−0.019 6 ** (−2.51)	−0.010 3 ** (−2.06)	0.688 5 (0.57)	−2.158 3 * (−1.68)
LnAsset	0.000 7 (0.66)	−0.000 2 (−0.31)	0.002 7 (0.01)	0.060 8 (0.27)
Loan_save	0.003 3 (0.69)	0.008 2 * (1.92)	−0.715 8 (−0.61)	−1.489 2 (−1.07)
常数项	0.023 6 * (1.68)	0.020 8 * (1.96)	1.312 5 (0.52)	1.868 0 (0.70)
Year	控制	控制	控制	控制
Adj R ^{2}	0.537 4	0.493 5	0.573 7	0.532 7
P	0.000 0	0.000 0	0.000 0	0.000 0
F	10.65	9.62	12.28	7.82
N	158	123	145	114

注：①表格内的数据上面表示估计系数，下面括号内数字表示 t 值。表中显示的 t 值均是经过 Robust standard error 修正后的 t 统计量。② *** 、** 、* 分别表示 0.01、0.05、0.1 的显著性水平。

6.5.3 进一步讨论

以上实证结果证实，从地方政府部门直接调任而来而又较为年轻的董事长在进行城商行信贷决策时倾向于迎合地方政府的融资需求。这些出于政治迎合考虑而非市场规律的信贷行为最终导致了城商行整体信用风险的上升。本部分主要考察以股权制衡为代表的内部治理机制和以市场化程度为代表的外部治理机制是否能够有效抑制从地方政府部门直接调任而来而又较为年轻的董事长的政治迎合行为。为了检验上述效果，本书分别按照股权分散度（HHI）和金融市场化指数（Market1）的中位数将样本划分为两组（高于治理水平中位数的称为治理水平较高组，低于治理水平中位数的称为治理水平较低组），然后分别对两组进行回归，再对回归结果进行对比，以检验内部治理机制和外部治理机制对从地方政府部门直接调任而来而又较为年轻的董事长的政治迎合行为的制约作用。本部分提出假设 15

和假设 16 对上述分析进行实证验证。

假设 15：在其他条件不变的情况下，城商行股权分散度越高，越能够有效抑制从地方政府部门直接调任而来而又较为年轻的城商行董事长的政治迎合行为。

假设 16：在其他条件不变的情况下，城商行所在地市场化程度越高，越能够有效抑制从地方政府部门直接调任而来而又较为年轻的城商行董事长的政治迎合行为。

（1）内部治理。表 6-13 显示了股权分散度对从地方政府部门直接调任而来的较为年轻的董事长的政治迎合行为的制衡作用的实证结果。从表 6-13 可以看出，各回归方程的 P 值为 0.000 0，F 值较大，表明模型整体显著；各回归方程的 AdjR^2 较高，表明模型有较好的拟合性。在内部治理水平较低组（股权分散程度小于中位数的组）中，衡量从地方政府部门直接调任而来的较为年轻的城商行董事长的交互项（Promote×Retire）与城商行当期不良贷款率（Badloan）呈现显著的负相关关系，而与当期拨备覆盖率（Cover）呈现显著的负相关关系。这表明，若从地方政府部门直接调任而来的城商行董事长较为年轻，会更加倾向于选择相对激进的信贷政策，导致城商行整体信用风险的上升。这一实证结果表明在股权分散度较低的城商行中，从地方政府部门直接调任而来的城商行董事长更加倾向于迎合地方政府的融资需求，这种迎合行为最终提升了城商行的整体信用风险。在内部治理水平较高组（股权分散程度小于中位数的组）中，衡量从地方政府部门直接调任而来的较为年轻的城商行董事长的交互项（Promote×Retire）与城商行当期不良贷款率（Badloan）和当期拨备覆盖率（Cover）均不存在显著的相关关系。这表明，在股权分散度较高的城商行中，从地方政府部门直接调任而来的较为年轻的董事长并不会在城商行信贷决策时对地方政府的融资需求进行迎合，因此并不会额外提高城商行的整体信用风险。通过对治理水平较低组和治理水平较高组中衡量从地方政府部门直接调任而来的较为年轻的城商行董事长的交互项（Promote×Retire）与城商行当期不良贷款率（Badloan）和当期拨备覆盖率（Cover）的相关关系比较后可以发现，股权分散度较高的城商行中，从地方政府部门直接调任而来的较为年轻的董事长对地方政府融资需求的迎合行为受到了有效抑制。上述结果验证了假设15，即在其他条件不变的情况下，城商行股权分散度越高，越能够有效抑制从地方政府部门直接调任而来而又较为年轻的城商行董事长的政治迎合行为。

表6-13　股权分散度对从地方政府部门直接调任而来的较为年轻的董事长的

政治迎合行为的制衡作用的实证结果

变量	因变量：Badloan		因变量：Cover	
	治理水平较高组	治理水平较低组	治理水平较高组	治理水平较低组
Promote×Retire	0.000 5 (0.99)	0.001 2*** (2.86)	−0.039 0 (−0.39)	−0.166 7** (−2.06)
Retire	−0.000 3* (−1.84)	−0.000 2 (−1.15)	0.010 5 (0.32)	0.079 6** (2.58)
Promote	−0.002 7 (−1.04)	−0.010 1*** (−3.38)	1.109 5* (1.68)	1.749 1*** (2.87)
LnGDP	−0.001 5 (−1.10)	−0.001 9 (−1.66)	−0.328 7 (−1.30)	0.025 8 (0.07)
D_branch	0.000 8 (0.32)	−0.005 2** (2.34)	−0.341 4 (−1.03)	1.717 5*** (3.34)
Hold_1	0.000 3 (1.32)	−0.000 1 (−1.52)	−0.007 7 (−0.16)	0.026 4* (1.96)
Stateown	0.001 8 (0.61)	−0.008 2*** (−3.18)	0.447 8 (1.07)	1.395 2** (2.62)
Foreign	−0.001 4 (−0.41)	−0.012 7*** (−3.23)	0.398 8 (0.75)	1.346 7** (2.19)
CAR	−0.008 6 (−0.66)	−0.031 3*** (−3.73)	−0.224 6 (−0.08)	2.137 7 (1.11)
LnAsset	0.000 8 (0.66)	0.001 7 (1.23)	0.282 6 (0.99)	−0.507 4 (−1.64)

表6-13(续)

变量	因变量：Badloan		因变量：Cover	
	治理水平较高组	治理水平较低组	治理水平较高组	治理水平较低组
Loan_save	0.011 9 (1.53)	0.009 3 (1.40)	−4.420 3* (−1.72)	−1.020 2 (−0.99)
常数项	0.010 1 (0.53)	0.027 0* (1.72)	1.672 8 (0.42)	4.880 9* (1.82)
Year	控制	控制	控制	控制
Adj R^2	0.525 4	0.790 0	0.591 0	0.795 6
P	0.000 0	0.000 0	0.000 0	0.000 0
F	6.36	12.96	7.59	23.99
N	94	64	87	58

注：①表格内的数据上面表示估计系数，下面括号内数字表示 t 值。表中显示的 t 值均是经过 Robust standard error 修正后的 t 统计量。②***、**、* 分别表示 0.01、0.05、0.1 的显著性水平。

（2）外部治理。表 6-14 显示了金融市场化程度对从地方政府部门直接调任而来的较为年轻的董事长的政治迎合行为的制衡作用的实证结果。从表 6-14 可以看出，各回归方程的 P 值为 0.000 0，F 值较大，表明模型整体显著；各回归方程的 AdjR^2 较高，表明模型有较好的拟合性。在外部治理水平较低组（城商行所在省份金融市场化程度小于中位数的组）中，衡量从地方政府部门直接调任而来的较为年轻的城商行董事长的交互项（Promote×Retire）与城商行当期不良贷款率（Badloan）呈现显著的正相关关系，而与当期拨备覆盖率（Cover）呈现显著的负相关关系。这表明，在金融市场化水平较低地区的城商行中，从地方政府部门直接调任而来的较为年轻的城商行董事长会对地方政府的政治需求进行政治迎合，最终提高了城商行的整体信用风险。而在外部治理水平较高组（城商行所在省份金融市场化程度大于中位数的组）中，衡量从地方政府部门直接调任而来的较为年轻的城商行董事长的交互项（Promote×Retire）与城商行当期不良贷款率（Badloan）和当期拨备覆盖率（Cover）并不存在显著的相关关系。

这表明，在金融市场化水平较高地区的城商行中，从地方政府部门直接调任而来的较为年轻的董事长所管理的城商行的整体信用风险并未提高，这些董事长对地方政府融资需求的政治迎合行为受到了有效的抑制。上述结果验证了假设16，即在其他条件不变的情况下，城商行所在地市场化程度越高，越能够有效抑制从地方政府部门直接调任而来而又较为年轻的城商行董事长的政治迎合行为。

表6-14 金融市场化程度对从地方政府部门直接调任而来的较为年轻的董事长的政治迎合行为的制衡作用的实证结果

变量	因变量：Badloan		因变量：Cover	
	治理水平较高组	治理水平较低组	治理水平较高组	治理水平较低组
Promote×Retire	0.000 9 (1.37)	0.001 1* (1.95)	−0.445 6 (−1.18)	−1.383 8* (−1.87)
Retire	−0.000 3 (−1.38)	0.000 1 (0.49)	−0.012 0 (−0.59)	−0.032 1 (−1.32)
Promote	−0.003 1 (−0.64)	−0.007 5* (−1.80)	0.460 6 (1.13)	1.074 8* (1.85)
LnGDP	−0.004 6 (−1.63)	−0.003 8 (−1.43)	0.158 0 (0.55)	0.189 8 (0.57)
D_branch	−0.006 6 (−1.31)	−0.000 2 (−0.08)	0.622 6 (1.65)	−0.544 0 (−1.35)
Hold_1	0.000 3 (0.87)	0.000 5* (1.85)	0.019 2 (0.79)	−0.015 1 (−0.62)
Stateown	−0.005 9 (−0.82)	−0.003 1 (−1.06)	0.433 9 (1.02)	0.446 8 (0.99)
Foreign	−0.009 1 (−1.06)	−0.003 9 (−1.62)	0.013 6 (0.03)	0.565 2 (0.96)
CAR	−0.044 3 (−1.28)	−0.100 9 (−1.38)	8.355 6 (0.89)	4.313 3 (0.62)
LnAsset	0.005 8 (1.25)	0.001 2 (0.57)	−0.326 6 (−1.26)	0.230 0 (0.97)
Loan_save	−0.026 0 (−0.72)	−0.010 0 (−0.96)	2.582 9 (1.62)	2.018 9 (1.06)

表6-14（续）

变量	因变量：Badloan		因变量：Cover	
	治理水平较高组	治理水平较低组	治理水平较高组	治理水平较低组
常数项	−0.014 2 (−0.34)	0.045 6** (2.24)	1.822 3 (0.58)	−5.161 4 (−1.70)
Year	控制	控制	控制	控制
Adj R^2	0.349 9	0.842 8	0.449 7	0.613 9
P	0.076 6	0.000 0	0.053 5	0.026 3
F	1.76	30.13	1.95	2.57
N	59	36	51	35

注：①表格内的数据上面表示估计系数，下面括号内数字表示 t 值。表中显示的 t 值均是经过 Robust standard error 修正后的 t 统计量。②***、**、*分别表示 0.01、0.05、0.1 的显著性水平。

6.5.4　稳健性检验

考虑到城商行本期的贷款行为对其不良贷款率的影响往往具有一定的滞后性，为了检验本章实证结果的稳健性，本部分选择城商行下一期的不良贷款率（F_badloan）和下一期拨备覆盖率（F_cover）就治理机制对从地方政府部门直接调任而来的较为年轻的城商行董事长在信贷决策上的政治迎合行为进行稳健性检验。

表 6-15 显示了股权分散度对从地方政府部门直接调任而来的较为年轻的董事长的政治迎合行为的制衡作用的稳健性检验。从表 6-15 可以看出，各回归方程的 P 值为 0.000 0，F 值较大，表明模型整体显著；各回归方程的 AdjR^2 较高，表明模型有较好的拟合性。在内部治理水平较低组（股权分散程度小于中位数的组）中，衡量从地方政府部门直接调任而来的较为年轻的城商行董事长的交互项（Promote×Retire）与城商行下一期不良贷款率（F_badloan）呈现显著的负相关关系，而与下一期拨备覆盖率（F_cover）呈现显著的负相关关系。这一实证结果表明在股权分散度较低的城商行中，从地方政府部门直接调任而来的城商行董事长更加倾向于迎

合地方政府的融资需求，这种迎合行为最终提升了城商行的整体信用风险。在治理水平较高组（股权分散程度小于中位数的组）中，衡量从地方政府部门直接调任而来的较为年轻的城商行董事长的交互项（Promote×Retire）与城商行下一期不良贷款率（F_badloan）和下一期拨备覆盖率（F_cover）均不存在显著的相关关系，这表明在股权分散度较高的城商行中，从地方政府部门直接调任而来的较为年轻的董事长并不会在城商行信贷决策时对地方政府的融资需求进行迎合，因此并不会额外提高城商行的整体信用风险。上述实证结果与上文一致，表明以股权分散度为代表的内部治理机制能够有效降低城商行的整体信用风险，抑制从地方政府部门直接调任而来的较为年轻的城商行董事长在信贷决策方面的政治迎合行为。

表 6-15　股权分散度对从地方政府部门直接调任而来的较为年轻的董事长
政治迎合行为的制衡作用的稳健性检验结果

变量	因变量：F_badloan		因变量：F_cover	
	治理水平较高组	治理水平较低组	治理水平较高组	治理水平较低组
Promote×Retire	−0.000 9 (−0.35)	0.000 9** (2.51)	0.019 5 (0.18)	−0.200 2* (−1.72)
Retire	0.000 0 (0.05)	−0.000 1 (−0.97)	0.011 2 (0.36)	0.093 3* (2.03)
Promote	0.001 2 (0.55)	−0.007 1** (−2.51)	0.678 7 (1.13)	2.434 7** (2.60)
LnGDP	0.000 8 (0.81)	−0.002 1* (−1.86)	−0.368 2 (−1.29)	−0.089 6 (−0.22)
D_branch	0.000 1 (0.08)	−0.003 5 (−1.48)	−0.516 6 (−1.55)	1.643 1** (2.54)
Hold_1	−0.000 1 (−0.46)	−0.000 1 (−1.24)	0.025 4 (0.50)	0.026 6* (1.95)
Stateown	0.001 0 (0.46)	−0.006 0** (−2.63)	0.302 2 (0.82)	1.937 2*** (3.21)
Foreign	0.000 6 (0.24)	−0.007 7*** (−2.91)	0.531 9 (0.88)	1.266 9 (1.57)

表6-15(续)

变量	因变量：F_badloan		因变量：F_cover	
	治理水平较高组	治理水平较低组	治理水平较高组	治理水平较低组
CAR	0.002 8 (0.35)	−0.011 5 ** (−2.18)	−1.515 8 (−0.55)	−2.916 3 (−1.39)
LnAsset	0.000 6 (0.64)	0.001 5 (1.10)	0.328 0 (1.14)	−0.498 8 (−1.41)
Loan_save	0.005 5 (0.70)	0.012 6 * (1.78)	−3.235 9 (−0.99)	−2.894 3 * (−1.94)
常数项	−0.001 3 (−0.10)	0.017 0 (1.10)	0.989 2 (0.27)	6.762 9 ** (2.28)
Year	控　制	控　制	控　制	控　制
Adj R^2	0.516 9	0.719 5	0.526 9	0.775 5
P	0.000 0	0.000 0	0.000 0	0.000 0
F	5.57	12.28	5.16	14.47
N	70	53	66	48

注：①表格内的数据上面表示估计系数，下面括号内数字表示 t 值。表中显示的 t 值均是经过 Robust standard error 修正后的 t 统计量。②*** 、** 、* 分别表示0.01、0.05、0.1 的显著性水平。

　　表6-16 显示了金融市场化程度对从地方政府部门直接调任而来的较为年轻的董事长的政治迎合行为的制衡作用的稳健性检验。从表6-16 可以看出，各回归方程的 P 值为0.000 0，F 值较大，表明模型整体显著；各回归方程的 AdjR^{2}较高，表明模型有较好的拟合性。在外部治理水平较低组（城商行所在省份金融市场化程度小于中位数的组）中，衡量从地方政府部门直接调任而来的较为年轻的城商行董事长的交互项（Promote × Retire）与城商行下一期不良贷款率（F_badloan）呈现显著的正相关关系，而与下一期拨备覆盖率（F_cover）呈现显著的负相关关系。这表明，在金融市场化水平较低地区的城商行中，从地方政府部门直接调任而来的较为年轻的城商行董事长会对地方政府的政治需求进行政治迎合，最终提高了城商行的整体信用风险。在外部治理水平较高组（城商行所在省份金融市

场化程度大于中位数的组）中，衡量从地方政府部门直接调任而来的较为年轻的城商行董事长的交互项（Promote×Retire）与城商行下一期不良贷款率（F_badloan）和下一期拨备覆盖率（F_cover）并不存在显著的相关关系。这表明，在金融市场化水平较高地区的城商行中，从地方政府部门直接调任而来的较为年轻的董事长所管理的城商行的整体信用风险并未提高，这些董事长对于地方政府融资需求的政治迎合行为受到了有效的抑制。上述实证结果与上文一致，表明以金融市场化程度为代表的外部治理机制能够有效降低城商行的整体信用风险，抑制从地方政府部门直接调任而来的较为年轻的城商行董事长在信贷决策方面的政治迎合行为。

表 6-16 金融市场化程度对从地方政府部门直接调任而来的较为年轻的董事长政治迎合行为的制衡作用的稳健性检验

变量	因变量：F_badloan		因变量：F_cover	
	治理水平较高组	治理水平较低组	治理水平较高组	治理水平较低组
Promote×Retire	-0.000 5 (-0.30)	0.001 7[**] (2.17)	-0.091 4 (-1.20)	-0.197 6[*] (-1.83)
Retire	-0.000 2 (-1.58)	0.000 2 (0.94)	0.018 8 (0.76)	-0.020 2 (-0.48)
Promote	0.000 8 (0.62)	-0.013 3[**] (-2.62)	1.045 7[*] (1.79)	2.334 5[***] (2.93)
LnGDP	-0.001 7[*] (-1.82)	0.000 4 (0.15)	-0.069 1 (-0.28)	0.001 9 (0.01)
D_branch	-0.003 8[***] (-2.77)	0.003 4[**] (2.44)	0.716 2[**] (2.41)	-1.146 1[**] (-2.81)
Hold_1	-0.000 1 (-1.21)	0.000 1 (1.36)	0.014 3 (1.07)	-0.007 0 (-0.75)
Stateown	-0.000 5 (-0.27)	0.000 2 (0.07)	1.036 4[**] (2.31)	0.227 2 (0.47)
Foreign	-0.002 9[**] (-2.15)	-0.002 2 (-0.72)	0.399 2 (0.71)	1.177 6 (1.53)

表6-16(续)

变量	因变量：F_badloan		因变量：F_cover	
	治理水平较高组	治理水平较低组	治理水平较高组	治理水平较低组
CAR	−0.004 4 (−0.58)	0.017 1 (1.12)	−3.058 4 ** (−2.44)	−9.850 9 * (−1.86)
LnAsset	0.001 9 *** (2.79)	−0.002 0 (−0.83)	−0.350 8 (−1.40)	0.445 9 (1.45)
Loan_save	0.007 5 (1.00)	0.001 8 (0.21)	−1.173 3 (−0.71)	1.760 7 (0.99)
常数项	−0.004 0 (−0.37)	0.040 9 * (1.75)	6.392 3 ** (2.08)	−5.062 3 (−1.55)
Year	控制	控制	控制	控制
Adj R^2	0.462 2	0.811 9	0.589 7	0.794 6
P	0.000 0	0.000 0	0.000 0	0.000 0
F	5.12	28.73	5.86	17.49
N	59	35	52	34

注：①表格内的数据上面表示估计系数，下面括号内数字表示 t 值。表中显示的 t 值均是经过 Robust standard error 修正后的 t 统计量。② *** 、** 、* 分别表示 0.01、0.05、0.1 的显著性水平。

6.6 本章主要结论

本章根据 2007—2012 年我国城商行的数据，研究了有地方政府背景的城商行董事长是否会在城商行的信贷决策上迎合地方政府的融资需求。本章进一步研究了较为年轻而又有地方政府背景的城商行董事长在城商行的信贷决策上对地方政府融资需求的政治迎合行为。在此基础上，本章继续探讨了城商行的内部治理机制和外部治理机制能否有效制衡较为年轻而又有地方政府背景的城商行董事长在城商行的信贷决策上对地方政府融资需求的政治迎合行为。具体而言，首先，本章从贷款规模、贷款期限结构、贷款行业分布和贷款集中度四个维度研究了从地方政府部门直接调任而来的城商行董事长在城商行的信贷决策上对地方政府融资需求的政治迎合行为以及该行为对城商行整体信用风险的影响。其次，本章分别从上述四个维度考察了较为年轻的从地方政府部门直接调任而来的城商行董事长在城商行的信贷决策上对地方政府融资需求的政治迎合行为以及该行为对城商行整体信用风险的影响。最后，本章考察了城商行内部治理机制和外部治理机制对较为年轻的从地方政府部门直接调任的城商行董事长在城商行的信贷决策上对地方政府融资需求的政治迎合行为的制约作用。

本书的研究发现，在其他条件不变的情况下，从地方政府部门直接调任而来的城商行董事长更加倾向于减少城商行短期贷款比例和制造业贷款比例，从而相应增加该城商行的中长期贷款比例和房地产业贷款比例。该部分董事长的上述信贷决策与地方政府的融资需求相一致，体现了其"政治迎合观"。然而，从地方政府部门直接调任而来的城商行董事长又倾向于缩小所管理城商行的贷款规模和降低贷款集中度，该部分董事长的上述信贷行为又与地方政府的融资需求相违背，体现了其"风险规避观"。在进一步对城商行整体信用风险的考察中，本书发现，综合来看，从地方政府部门直接调任而来的城商行董事长的信贷决策行为主要体现了其"风险规避观"，该部分董事长更加倾向于降低城商行的整体信用风险。

在此基础上，本书进一步对从地方政府部门直接调任而来的城商行董事长中较为年轻的董事长的信贷决策进行研究后发现，从地方政府部门直接调任而来而又较为年轻的城商行董事长倾向于减少制造业贷款比例，提高房地产业贷款比例和城商行贷款集中度。该部分董事长的上述信贷决策与地方政府的融资需求相一致，体现了其在信贷决策上的"政治迎合观"。然而在贷款规模上，从地方政府部门直接调任而来而又较为年轻的城商行董事长倾向于降低城商行贷款规模，这一信贷行为与地方政府的融资需求相悖，体现了该部分董事长的"风险规避观"。在进一步对城商行整体信用风险的考察中，本书发现，综合来看，从地方政府部门直接调任而来而又较为年轻的城商行董事长倾向于提高城商行的整体信用风险。该部分城商行董事长的信贷决策行为主要体现了其"政治迎合观"。在上述研究的基础上，本书研究了以股权分散度为代表的内部治理机制和以金融市场化程度为代表的外部治理机制对从地方政府部门直接调任而来而又较为年轻的城商行董事长在信贷行为上的政治迎合行为的抑制作用后发现，股权分散度越高的城商行，从地方政府部门直接调任而来而又较为年轻的城商行董事长在信贷决策中的政治迎合行为越会受到有效抑制，该城商行信用风险也相应较低。所在地金融市场化程度越高的城商行，从地方政府部门直接调任而来而又较为年轻的城商行董事长在信贷决策中的政治迎合行为越会受到有效抑制，该城商行信用风险也会显著下降。上述实证结果表明，内部治理机制和外部治理机制有效抑制了从地方政府部门直接调任而来而又较为年轻的城商行董事长在信贷行为上的政治迎合行为。

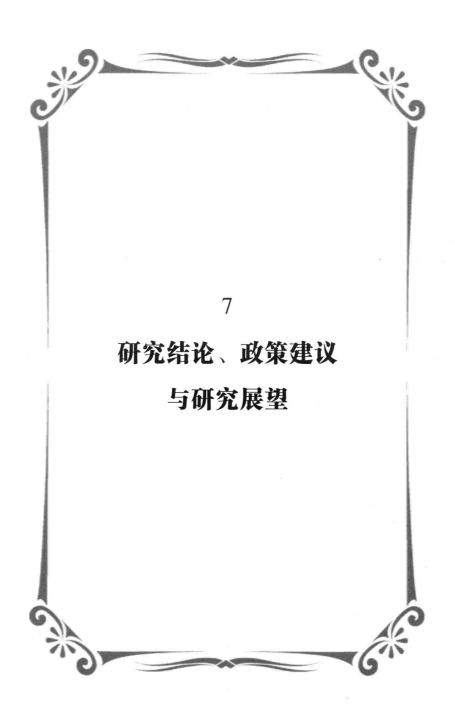

7

研究结论、政策建议
与研究展望

7.1 研究结论

本书在对现有关于地方政府控制、银行治理和银行信贷行为的文献进行梳理的基础上，从银行这一资金供给方的视角，系统研究了地方政府对城商行的控制方式以及不同控制方式对城商行信用风险的影响。在此基础上，本书研究了以股权制衡为代表的内部治理机制和以市场化程度为代表的外部治理机制对地方政府干涉城商行信贷行为的制衡作用。具体来说，首先，本书考察地方政府对城商行"事权"的影响。本书分别从城商行贷款规模、贷款期限结构、贷款行业分布和贷款集中度四个维度考察了地方政府股东对城商行信贷行为的影响，并探讨了地方政府股东对城商行信用风险影响的传导机制。其次，本书考察了以股权制衡为代表的内部治理机制和以市场化程度为代表的外部治理机制对城商行地方政府股东的制衡作用。再次，本书考察了地方政府对城商行董事长任命权的影响。本书分别从城商行贷款规模、贷款期限结构、贷款行业分布和贷款集中度四个维度考察了由地方政府部门直接任命的城商行董事长对城商行信贷行为的影响。在此基础上，本书进一步考察了上述董事长中较为年轻的群体对城商行信用风险的影响。最后，本书考察了以股权制衡为代表的内部治理机制和以市场化程度为代表的外部治理机制对较为年轻的、由地方政府部门直接任命的董事长在进行政治迎合时的制约作用。本书的主要结论如下：

第一，地方政府股东通过干预城商行的信贷行为满足其融资需求，提升了城商行信用风险。

本书首先研究了地方政府持股与城商行信用风险的关系，发现地方政府持股比例越高，城商行信用风险水平越高，并且当货币政策紧缩时，地方政府持股更加会提高城商行信用风险。本书进一步从贷款规模、贷款期限结构、贷款行业分布和贷款集中度四个维度对地方政府股东的干涉行为进行研究，考察地方政府股东影响城商行信用风险的传导机制。实证结果显示，地方政府股东占比越高，城商行越倾向于扩大贷款规模，降低短期贷款占比，增加中长期贷款占比，减少在制造业和批发零售业的贷款占比并增加在房地产业的贷款占比；国有股比例越高的城商行贷款的集中度也越高；由于国有股的影响而产生的城商行上述贷款行为的变化最终提高了城商行信用风险。

第二，以股权分散度为代表的内部治理机制和以市场化程度为代表的外部治理机制可以有效制衡地方政府股东对城商行信贷行为的干涉行为，降低城商行的整体信用风险。

在内部治理方面，股权分散度并不能制约国有股股东干预造成的城商行贷款规模的上升以及国有股股东对城商行贷款行业分布的干涉行为。股权分散度较高的银行，国有股股东减少城商行短期贷款比例和增加中长期贷款比例的行为会受到有效抑制，国有股股东提高城商行贷款集中度的行为也得到有效制约。在外部治理方面，市场化程度能够有效制约国有股股东扩大城商行贷款规模的行为。市场化程度无法制衡国有股股东干涉城商行贷款期限结构的行为。在城商行的贷款行业分布方面，在市场化程度较高的地区，国有股股东减少制造业贷款比例而增加房地产业贷款比例的行为得到了有效抑制，国有股股东提高城商行贷款集中度的行为也受到了制衡。综合来看，以股权分散为代表的内部治理机制和以市场化程度为代表的外部治理机制，在制衡国有股股东对城商行信贷行为的干涉上，都取得了较好的效果，整体上降低了国有股股东干预带来的城商行信用风险。

第三，从地方政府部门直接调任而来的城商行董事长降低了城商行的整体信用风险，而上述董事长中较为年轻的群体会迎合地方政府的融资需求，增加城商行信用风险。内部治理机制和外部治理机制可以有效制衡较为年轻的从地方政府部门直接调任而来的城商行董事长对城商行信贷决策中的政治迎合行为。

　　本书首先研究了从地方政府部门直接调任而来的城商行董事长对城商行信贷行为的影响，发现上述董事长更倾向于减少城商行短期贷款比例和制造业贷款比例，从而相应增加该城商行的中长期贷款比例和房地产业贷款比例。然而，从地方政府部门直接调任而来的城商行董事长又倾向于缩小所管理城商行的贷款规模和降低贷款集中度。在进一步对城商行整体信用风险的考察中，本书发现，综合来看，从地方政府部门直接调任而来的城商行董事长更加倾向于降低城商行的整体信用风险。在此基础上，本书进一步对从地方政府部门直接调任而来的城商行董事长中较为年轻的董事长的信贷决策进行研究后发现，从地方政府部门直接调任而来而又较为年轻的城商行董事长倾向于减少制造业贷款比例，提高房地产业贷款比例和城商行贷款集中度。该部分董事长的上述信贷决策与地方政府的融资需求相一致。在贷款规模上，从地方政府部门直接调任而来而又较为年轻的城商行董事长倾向于降低城商行贷款规模。在进一步对城商行整体信用风险的考察中，本书发现，综合来看，从地方政府部门直接调任而来而又较为年轻的城商行董事长倾向于提高城商行的整体信用风险。在上述研究的基础上，本书研究了以股权分散度为代表的内部治理机制和以金融市场化程度为代表的外部治理机制对从地方政府部门直接调任而来而又较为年轻的城商行董事长在信贷行为上的政治迎合行为的抑制作用后发现，股权分散度越高的城商行，其由地方政府部门直接调任而来而又较为年轻的城商行董事长在信贷决策中的政治迎合行为越会受到有效抑制，该城商行信用风险也相应较低；所在地金融市场化程度越高的城商行，其由地方政府部门直接调任而来而又较为年轻的城商行董事长在信贷决策中的政治迎合行为越会受到有效抑制，该城商行信用风险也会显著下降。上述实证结果表明，内部治理机制和外部治理机制有效抑制了从地方政府部门直接调任而来而又较为年轻的城商行董事长在信贷行为上的政治迎合行为。

7.2 政策建议

基于本书的理论分析和实证分析结果，本书提出如下政策建议：

第一，适度减少城商行中的地方政府持股比例，提高城商行的股权分散度。首先，我国应该在保持国有资产安全性的前提下，实现国有股的有序退出，逐步降低地方政府在城商行中的持股比例。其次，考虑到银行业对经济稳定的重要作用，在地方政府逐步减少其在城商行股份的同时，我国可以引入"黄金股"的试点，即地方政府象征性地保留少量股份，而不参与城商行日常的经营活动，但是地方政府保留在城商行进行重大决策时的话语权。最后，在城商行新股东的选择上，我国可以考虑优先引入非当地地方政府管辖范围内的投资者，甚至境外战略投资者，以加强其他股东的独立性，更好地制衡地方政府对城商行的干预。

第二，减少地方政府对城商行董事长的直接任免行为。我国可以采用更为灵活的董事长任命机制，通过内部晋升或外部招聘的方法，聘用更加专业的银行从业人士担任城商行的董事长。一方面，专业人士有着丰富的经验，有助于提升城商行的管理水平和经营业绩；另一方面，专业人士并不是来源于地方政府，有着更高的职业素养，在经营决策中主要从城商行的利益出发，更有利于减少地方政府对城商行的干预。

第三，加快市场化程度，减少地方政府对经济的直接干预。虽然我国的市场化改革已经推动了多年，从表面上看，地方政府确实退出了很多竞争性的经济领域，但是一些关键性的资源，如准入审批、土地使用审批和地方政府补贴等资源还牢牢掌握在地方政府手中，使得地方政府在与企业的博弈中仍然处于强势地位。因此我国有必要进一步推动市场化改革，使得地方政府主要采用经济手段，而非行政手段对经济发展进行调控；简化审批流程，对关键资源的分配更加公开、公平、公正，减少地方政府对可以自负盈亏的城商行的干预，减轻城商行的经济负担。

第四，完善城商行高管的激励机制。目前，从地方政府部门直接调任而来的董事长在信贷决策上对风险可能过于厌恶。一方面，这有利于降低城商行面临的风险；另一方面，在银行业中，正常的信用风险水平一般与收益水平相匹配，城商行要保证经营收益，必须主动承担合理的风险，对风险的过度规避可能导致城商行丧失发展机会，降低城商行的整体盈利能力。因此，我国有必要对城商行现有的对高管的激励机制进行改革，鼓励城商行高管在合理范围内适度承担合理的风险，以提升城商行的整体盈利水平。

7.3 研究展望

虽然本书就地方政府对城商行的控制方式及其经济后果进行了研究，并考察了内部治理机制和外部治理机制对地方政府行为的制约作用，但受笔者学术能力和客观条件的限制，本书还存在一定的局限性，可以在后续的研究中进行完善。

第一，地方政府控制对城商行的整体效果研究。本书主要从金融安全的角度研究地方政府控制对城商行信用风险产生的影响。事实上，地方政府控制对城商行的影响是多方面的。例如，地方政府会给予其控制的城商行更多业务，如代发工资等业务。这些中间业务减少了银行的资本金占用，提升了城商行的绩效。那么综合考虑风险和收益后，地方政府控制会对城商行造成什么样的影响呢？这个问题需要进一步深入研究。

第二，本书发现，从地方政府部门直接调任而来的城商行董事长倾向于降低城商行信用风险，上述董事长作为"经济人"具有完全的理性，他们的效用曲线如何？产生上述现象的原因是上述董事长出于城商行利益作出的决策，还是受限于其能力不得已而为之？这些问题有待进一步探讨。

第三，由于数据的可获得性和篇幅的限制，本书主要研究以股权分散度为代表的内部治理和以市场化程度为代表的外部治理对地方政府控制城商行行为的制约作用。然而，内部治理与外部治理包含的内容远不止于此，其他因素，如媒体治理等，也会对公司治理水平产生影响。这些内部和外部治理因素有待于后续的研究进一步证明。

参考文献

巴曙松，刘孝红，牛播坤，2005. 转型时期中国金融体系中的地方治理与银行改革的互动研究 [J]. 金融研究 (5)：25-37.

曹廷求，郑录军，于建霞，2006. 政府股东、银行治理与中小商业银行风险控制：以山东、河南两省为例的实证分析 [J]. 金融研究 (6)：99-108.

陈邦强，傅蕴英，张宗益，2007. 金融市场化进程中的金融结构、政府行为、金融开放与经济增长间的影响研究：基于中国经验（1978—2005 年）的实证 [J]. 金融研究 (10)：1-14.

陈抗，A L HILLMAN，顾清扬，2002. 财政集权与地方政府行为变化：从援助之手到攫取之手 [J]. 经济学（季刊）(4)：111-130.

何贤杰，朱红军，陈信元，2008. 政府的多重利益驱动与银行的信贷行为 [J]. 金融研究 (6)：1-20.

黄建军，2010. 我国城市商业银行与地方政府关系 [J]. 财经科学 (5)：24-30.

黄志忠，谢军，2013. 宏观货币政策、区域金融发展和企业融资约束：货币政策传导机制的微观证据 [J]. 会计研究 (1)：63-69.

江曙霞，陈玉婵，2012. 货币政策、银行资本与风险承担 [J]. 金融研究 (4)：1-16.

李连发,辛晓岱,2012.银行信贷、经济周期与货币政策调控:1984—2011 [J].经济研究(3):102-114.

李维安,曹廷求,2004.股权结构、治理机制与城市银行绩效:来自山东、河南两省的调查证据 [J].经济研究(12):4-15.

李维安,邱艾超,阎大颖,2010.企业政治关系研究脉络梳理与未来展望 [J].外国经济与管理(5):48-55.

马文超,胡思玥,2012.货币政策、信贷渠道与资本结构 [J].会计研究(11):39-48.

钱先航,2012.官员任期、政治关联与城市商业银行的贷款投放 [J].经济科学(2):89-101.

钱先航,曹春方,2013.信用环境影响银行贷款组合吗:基于城市商业银行的实证研究 [J].金融研究(4):57-70.

钱先航,曹廷求,李维安,2011.晋升压力、官员任期与城市商业银行的贷款行为 [J].经济研究(12):72-85.

饶品贵,姜国华,2011.货币政策波动、银行信贷与会计稳健性 [J].金融研究(3):51-71.

宋琴,郑振龙,2011.《巴塞尔协议Ⅲ》、风险厌恶与银行绩效:基于中国商业银行2004—2008年面板数据的实证分析 [J].国际金融研究(7):67-73.

宋清华,曲良波,2011.高管薪酬、风险承担与银行绩效:中国的经验证据 [J].国际金融研究(12):69-79.

谭兴民,宋增基,杨天赋,2010.中国上市银行股权结构与经营绩效的实证分析 [J].金融研究(11):144-154.

谭中,粟芳,2011.货币政策、市场约束与银行风险承担行为的实证分析 [J].上海财经大学学报(5):57-65.

王擎, 潘李剑, 2012. 股权结构、金融生态与城市商业银行绩效 [J]. 投资研究 (4): 65-77.

王涛, 2012. 中国商业银行所有权结构、治理机制与风险行为 [D]. 重庆: 重庆大学.

徐明东, 陈学彬, 2011. 中国微观银行特征与银行贷款渠道检验 [J]. 管理世界 (5): 24-38.

徐明东, 陈学彬, 2012. 货币环境、资本充足率与商业银行风险承担 [J]. 金融研究 (7): 48-62.

徐现祥, 王贤彬, 2010. 晋升激励与经济增长: 来自中国省级官员的证据 [J]. 世界经济 (2): 15-36.

杨德勇, 曹永霞, 2007. 中国上市银行股权结构与绩效的实证研究 [J]. 金融研究 (5): 87-97.

杨记军, 逯东, 杨丹, 2010. 国有企业的政府控制权转让研究 [J]. 经济研究 (2): 69-82.

杨其静, 2011. 企业成长: 政治关联还是能力建设 [J]. 经济研究 (10): 54-66.

于一, 何维达, 2011. 货币政策、信贷质量与银行风险偏好的实证检验 [J]. 国际金融研究 (12): 59-68.

周黎安, 2004. 晋升博弈中政府官员的激励与合作: 兼论我国地方保护主义和重复建设问题长期存在的原因 [J]. 经济研究 (6): 30-40.

周黎安, 2007. 中国地方官员的晋升锦标赛模式研究 [J]. 经济研究 (7): 36-50.

张敏, 张胜, 申慧慧, 等, 2010. 政治关联与信贷资源配置效率: 来自我国民营上市公司的经验证据 [J]. 管理世界 (11): 143-153.

张建斌, 2012. 商业银行治理、业务创新与绩效评价体系研究 [D]. 重庆: 重庆大学.

张健华，王鹏，2012. 银行风险、贷款规模与法律保护水平 [J]. 经济研究 (5)：18-30.

赵尚梅，杜华东，车亚斌，2012. 城市商业银行股权结构与绩效关系及作用机制研究 [J]. 财贸经济 (7)：39-48.

张雪兰，何德旭，2012. 货币政策立场与银行风险承担：基于中国银行业的实证研究 (2000—2010) [J]. 经济研究 (5)：31-44.

祝继高，饶品贵，鲍明明，2012. 股权结构、信贷行为与银行绩效：基于我国城市商业银行数据的实证研究 [J]. 金融研究 (7)：31-47.

A AGRAWAL, C R KNOEBER, 2001. Do some outside directors play a political role [J]. Journal of Law and Economics, 44：179-198.

A Berger, I Hasan, M Zhou, 2009. Bank ownership and efficiency in China：What will happen in the world's largest nation [J]. Journal of Banking and Finance, 33：113-130.

A DEMIRGUC KUNT, V MAKSIMOVIC, 1998. Law, finance, and firm growth [J]. Journal of Finance, 53：2107-2137.

A. GARCIA-HERRERO, S GAVILA, D SANTABARBARA, 2009. What explains the low profitability of Chinese Banks [J]. Journal of Banking and Finance, 33：2080-2092.

A MICCO, U PANIZZA, M YANEZ, 2007. Bank ownership and performance：Does politics matter [J]. Journal of Banking and Finance, 31：219-241.

A N BERGER, I HASAN, M ZHOU, 2010. The effects of focus versus diversification on bank performance：evidence from Chinese Banks [J]. Journal of Banking and Finance, 34：1417-1435.

ARESTIS P, DEMETRIADES P O, 1999. Financial liberalization：the experience of developing economies [J]. Eastern Economic Journal, 25：441-457.

BOYD JOHN H, CHUN CHANG, BRUCE D SMITH, 1998. Moral hazard under commercial and universal banking [J]. Journal of Money, Credit, and Banking, 30: 426-468.

CHUNXIN JIA, 2009. The effect of ownership on the prudential behavior of banks: The case of China [J]. Journal of Banking and Finance, 33: 77-87.

C T SHEHZAD, J DE HAAN, B SCHOLTENS, 2010. The impact of bank ownership concentration on impaired loans and capital adequacy [J]. Journal of Banking and Finance, 34: 399-408.

D FOOS, L NORDEN, M WEBER, 2010. Loan growth and riskiness of banks [J]. Journal of Banking and Finance, 34: 2929-2940.

F ALLEN, J QIAN, M QIAN, 2005. Law, finance, and economic growth in China [J]. Journal of Financial Economics, 77: 57-116.

G BEKAERT, C R HARVEY, C LUNDBLAD, 2005. Does financial liberalization spur growth [J]. Journal of Financial Economics, 77: 3-55.

G CAPRIO, L LAEVEN, R LEVINE, 2007. Governance and bank valuation [J]. Journal of Financial Intermediation, 16: 584-617.

G IANNOTTA, G NOCERA, A SIRONI, 2007. Ownership structure, risk and performance in the european banking industry [J]. Journal of Banking and Finance, 31: 2127-2149.

GIOVANNI FERRI, 2009. Are new tigers supplanting old mammoths in China's banking system? Evidence from a sample of city commercial banks [J]. Journal of Banking and Finance, 33: 131-140.

G L KAMINSKY, C M REINHART, 1999. The twin crises: the causes of banking and balance-of-payments problems [J]. American Economic Review, 89: 473-500.

HAW I, S M HO, B HU, et al., 2010. Concentrated control, institutions, and banking sector: An international study [J]. Journal of Banking and Finance, 34: 485-497.

H DEMSETZ, B VILLALONGA, 2001. Ownership structure and corporate performance [J]. Journal of Corporate Finance, 7: 209-233.

H HAKENES, I SCHNABEL, 2011. Bank size and risk-taking under Basel Ⅱ [J]. Journal of Banking and Finance, 35: 1436-1449.

I S DINC, 2005. Politicians and banks: Political influences on government-owned banks in emerging markets [J]. Journal of Financial Economics, 77: 453-479.

J R BARTH, G CAPRIO JR, R LEVINE, 2004. Bank regulation and supervision: What works best [J]. Journal of Financial Intermediation, 13: 205-248.

J FORSSBACK, 2011. Ownership structure, market discipline, and banks' risk-taking incentives under deposit insurance [J]. Journal of Banking and Finance, 35: 2666-2678.

J MARCUCCI, M QUAGLIARIELLO, 2009. Asymmetric effects of the business cycle on bank credit risk [J]. Journal of banking and finance, 33: 1624-1635.

J P H FAN, T J WONG, T ZHANG, 2007. Politically connected CEOs, corporate governance, and post-IPO performance of China's newly partially privatized firms [J]. Journal of Financial Economics, 84: 330-357.

J SHIM, 2013. Bank capital buffer and portfolio risk: The influence of business cycle and revenue diversification [J]. Journal of Banking and Finance, 37: 761-772.

J S HYUN, B K RHEE, 2011. Bank capital regulation and credit supply [J]. Journal of Banking and Finance, 35: 323-330.

K DAS DILIP, 2003. Financial liberalisation in the emerging market economies [J]. Journal of Asset Management, 3: 345-359.

L LAEVEN, R LEVINE, 2009. Bank governance, regulation and risk taking [J]. Journal of Financial Economics, 93: 259-275.

L LEPETIT, E NYS, P ROUS, 2008. Bank income structure and risk: An empirical analysis of european banks [J]. Journal of Banking and Finance, 32: 1452-1467.

M BURKART, D GROMB, F PANUNZI, 1997. Large shareholders, monitoring, and the value of the firm [J]. Quarterly Journal of Economics, 112: 693-728.

M FACCIO, R W MASULIS, J MCCONNELL, 2006. Political connections and corporate bailouts [J]. Journal of Finance, 61: 2597-2635.

M KOETTER, T POGHOSYAN, 2010. Real estate prices and bank stability [J]. Journal of Banking & Finance, 34: 1129-1138.

M P OLIVERO, Y LI, B N JEON, 2010. Competition in banking and the lending channel: Evidence from bank-level data in Asia and Latin America [J]. Journal of Banking and Finance, 35: 560-571.

M T LEARY, 2009. Bank loan supply, lender choice, and corporate capital structure [J]. Journal of Finance, 64: 1143-1185.

N ANDRIES, S BILLON, 2010. The effect of bank ownership and deposit insurance on monetary policy transmission [J]. Journal of Banking and Finance, 34: 3050-3054.

N BOUBAKRI, J C COSSET, K FISCHER, 2005. Privatization and bank performance in developing countries [J]. Journal of Banking and Finance, 29: 2015-2041.

N BOUBAKRI, O GUEDHAMI, D MISHRA, et al., 2012. Political connections and the cost of equity capital [J]. Journal of Corporate Finance, 18: 541–559.

N CETORELLI, L S GOLDBERG, 2012. Banking globalization and monetary transmission [J]. Journal of Finance, 67: 1811–1843.

O BANDIERA, G CAPRIO, P HONOHAN, 2000. Does financial reform raise or reduce saving [J]. Review of Economics and Statistics, 82: 239–263.

O HULSEWIG, E MAYER, T WOLLMERSHAUSER, 2006. Bank loan supply and monetary policy transmission in Germany: An assessment based on matching impulse responses [J]. Journal of Banking and Finance, 30: 2893–2910.

P ARESTIS, P DEMETRIADES, 1999. Financial liberalization: The experience of developing countries [J]. Eastern Economic Journal, 25: 441–457.

P SAPIENZA, 2004. The effects of government ownership on bank lending [J]. Journal of Financial Economics, 72: 357–384.

R LA PORTA, F LOPEZ DE SILANES, A SHLEIFER, 2002. Government ownership of banks [J]. Journal of Finance, 57: 265–301.

R NIJSKENS, W WAGNER, 2011. Credit risk transfer activities and systemic risk: How banks became less risky individually but posed greater risks to the financial system at the same time [J]. Journal of Banking and Finance, 35: 1391–1398.

R P KISHAN, T P OPIELA, 2006. Bank capital and loan asymmetry in the transmission of monetary policy [J]. Journal of Banking and Finance, 30: 259–285.

S ANDRIANOVA, P DEMETRIADES, A SHORTLAND, 2008. Government ownership of banks, institutions, and financial development [J]. Journal of Development Economics, 85: 218–252.

S CLAESSENS, E FEIJEN, L LAEVEN, 2008. Political connections and preferential access to finance: The role of campaign contributions [J]. Journal of Financial Economics, 88: 554-580.

S GHOSH, 2006. Did financial liberalization ease financing constraints? Evidence from Indian firm-level data [J]. Emerging Markets Review, 7: 176-190.

S K BHAUMIK, V DANG, A M KUTAN, 2011. Implications of bank ownership for the credit channel of monetary policy transmission: Evidence from India [J]. Journal of Banking and Finance, 35: 2418-2428.

S PARK, S PERISTIANI, 2007. Are bank shareholders enemies of regulators or a potential source of market discipline [J]. Journal of Banking and Finance, 31: 2493-2515.

S PATHAN, 2009. Strong boards, CEO power and bank risk-taking [J]. Journal of Banking and Finance, 33: 1340-1350.

T A BARRY, L LEPETIT, A TARAZI, 2011. Ownership structure and risk in publicly held and privately owned banks [J]. Journal of Banking and Finance, 35: 1327-1340.

T BECK, R LEVINE, 2002. Industry growth and capital allocation: Does having a market-or bank-based system matter [J]. Journal of Financial Economics, 64: 147-180.

V AZOFRA, M SANTAMARIA, 2011. Ownership, control, and pyramids in Spanish commercial banks [J]. Journal of Banking and Finance, 35: 1464-1476.

WIJANTINI, 2007. A test of the relationship between political connection and indirect costs of financial distress in Indonesia [J]. Asian Academy of Management Journal of Accounting and Finance, 3: 61-81.

X LIN, Y ZHANG, 2009. Bank ownership reform and bank performance in China [J]. Journal of Banking and Finance, 33: 20-29.

Y ALTUNBAS, L EVANS, P MOLYNEUX, 2001. Bank ownership and efficiency [J]. Journal of Money, Credit and Banking, 33: 926-954.

Z LU, J ZHU, W ZHANG, 2012. Bank discrimination, holding bank ownership, and economic consequences: Evidence from China [J]. Journal of Banking and Finance, 36: 341-354.